꾸벅

COOBUG

Jungilbooks & Coobug Jungilbooks & Coobug Jungilbooks & Coobug Jungilbooks & Coobug

내 손으로
클럽 수선
해보기

민용식 저

구벅
COOBUG

내 손으로 클럽 수선해 보기

들어가기 전에

골프를 즐기는 사람들의 소원(?)은 항상 필드에서 적은 점수를 얻기를 바라는 것이다. 이렇게 하기 위해서는 우리는 무엇을 해야만 할 것인가가 과제로 남는 것이다.

모든 사람들의 골프 게임의 능력을 향상시키기 위한 방법으로서, ① 유능한 티칭 프로에게 레슨을 받는 것이고, ② 골프 클럽을 골퍼에게 아주 정확하게 맞도록 만드는 클럽 피팅(fitting)을 하여주는 것이다.

이 중에서 제일 좋은 해결방법은 첫 번째인 티칭 프로에게 레슨을 받는 것일 것이다. 그러나 여러 가지 이유로 해서 티칭 프로에게 레슨을 받지 못하는 경우가 있을 것이다. 이때에 연습장에서 무작정 골프 클럽을 휘두르는 연습을 하는 사람들이나 혹은 연습을 게을리 하는 사람들에게 반가운 소식으로는 본인에게 맞도록 클럽을 피팅시켜 주어 점수를 줄일 수 있는 대안을 선택할 수 있다.

이런 대안의 방법은 본인이 스스로 골프 피팅을 하는 방법을 체득하거나 이해를 해야만 할 것이다. 그러나 현재 우리나라에는 피팅 방법들이 많이 소개가 되어져 있지 않고 또한 피팅의 이론적인 내용을 소개한 책자가 없는 것이 현재의 우리의 실정이다.

이런 목적에 부합되게 우리 모두가 자신의 클럽을 실제로 피팅할 수가 있다면 더 좋은 일이지만 그런 여건을 허락하지 않는다 하더라도 클럽을 피팅함으로써 클럽에 미치는 영향이라든지 이론적인 배경 등을 이해할 수 있도록 본 교재를 만들어 보았다.

피팅에 관련된 교재를 처음 만드는 것이라 이번에는 여러분들이 필수적으로 알아야만 하는 기본적인 이론들과 골프 클럽에 있어서 직접적으로 관련된 부분들만 뽑아서 그림을 통해 이해를 돕도록 하였다. 즉 본 교재는 클럽 피팅의 기초적인 편으로 생각하면 된다.

이 같은 클럽 피팅 교재의 구성을 살펴보면 다음과 같다.

그립이 클럽에 미치는 영향, 샤프트의 선택과 클럽과의 관계, 클럽의 길이는 어떻게 정해야만 하는가, 클럽 무게의 정도, 그리고 헌 클럽을 버리고 새로운 클럽으로 살 것이 아니라 어떻게 헌 클럽을 다시 손질할 것인가와 클럽과 스윙간의 관계 등을 이론적인 관점과 실기적인 관점 두 부분으로 구분하여 나열시켜 보았다.

지난 2년 동안 미국 골프 스쿨을 다니면서 수업 과정에서 배운 지식 가운데 본 교재에서는 여러분들이 꼭 알고 이해해야 하는 부분을 다루었고 이 교재에서 다루지 못한 부분들은 기회가 되면(고급 과정 편으로) 다음 기회에 다시 논하고자 한다.

끝으로 본 책을 출간하기까지 여러모로 격려해주시고 충고해 주신 여러분들에게 감사를 드리며, 여러 가지 어려운 여건 하에서도 본 교재의 출간에 기꺼이 승낙해 주신 도서출판 꾸벅 사장님을 위시한 여러분들에게 진심으로 감사를 드립니다.

2004년 9월 저자 씀

내 손으로 클럽 수선해 보기
차례

제 0 장 골프 클럽 피팅의 기본개념
  1. 클럽 피팅의 필요성 ·· 12
  2. 클럽 피터가 유념해야 할 사항 ·· 18
  3. 클럽 수선시 유념해야 할 내용 ·· 22

제 1 장 그립 교환
  1. 기본 개념 ·· 26
  2. 클럽 피터가 유념해야 할 사항 ·· 33
  3. 그립 교체 ·· 34
     3.1 그립을 교체하기 위한 준비물 ·· 35
     3.2 새로운 그립으로 그립을 교체하는 순서 ······························ 37
     3.3 기존의 그립을 손상하지 않고 교체하기 ······························ 45
     3.4 투명 그립 교환하는 방법 ·· 47
     3.5 나선형 그립에서의 그립을 교체하는 순서 ·························· 52

제 2 장 샤프트
  1. 기본 개념 ·· 58
  2. 클럽 피터가 유념해야 할 사항 ·· 64
  3. 샤프트 교체 ·· 65

3.1 샤프트 제거와 장착을 위한 준비물 ·················· 65
　　3.2 샤프트 제거하는 절차 ·································· 67
　　3.3 샤프트 장착하기 절차 ·································· 73
　　3.4 샤프트가 부서져서 호젤에 끼워져 있는 샤프트를 추출하는 방법 ······ 81

제 3 장　클럽의 길이 변경

　1. 기본 개념 ·· 86
　2. 클럽 피터가 유념해야 할 사항 ································ 90
　3. 클럽 길이 변경 ·· 91
　　3.1 클럽의 길이 증감을 위한 준비물 ·························· 91
　　3.2 길이를 증가시키는 절차 ···································· 92
　　3.3 클럽의 길이 감소 ·· 95

제 4 장　골프 클럽 수선

　1. 로프트의 기본 개념 ··· 98
　2. 라이의 기본 개념 ··· 102
　3. 클럽 페이스 ·· 109
　4. 클럽 피터가 유념해야 할 사항 ································ 120
　5. 로프트와 라이 각 조절 ··· 122
　　5.1 로프트와 라이 각을 변경시키기 위한 준비물 ············ 123
　　5.2 로프트 각을 조절하기 위한 절차 ·························· 123
　　5.3 라이 각을 변경시키기 위한 절차 ·························· 124

제 5 장 웨이트와 클럽 헤드

1. 전체 웨이트와 스윙 웨이트 …………………………………… 128
2. 클럽 헤드 ……………………………………………………… 133
3. 클럽 피터가 유념해야 할 사항 ………………………………… 141
4. 웨이트와 클럽 헤드 수선 ……………………………………… 143
   4.1 스윙 웨이트와 전체 웨이트 변경 ………………………… 143
   4.2 납을 이용한 웨이트의 변경 ……………………………… 144
   4.3 우드 클럽의 끈 설치 ……………………………………… 146

제 6 장 골프 클럽 재손질

1. 아이언과 우드를 재손질하기 위한 준비물 …………………… 154
2. 아이언을 손질하는 절차 ……………………………………… 155
3. 우드 클럽을 재손질하는 절차 ………………………………… 157

부 록

장비문제에서 발생되는 것과 스윙의 해결 방법들 ……………… 166

찾아보기 ………………………………………………………… 170

내 손으로 클럽 수선해 보기

제0장 골·프·클·럽·피·팅·의·기·본·개·념

[1] 클럽 피팅의 필요성

모든 골퍼들에게 진정한 게임의 능력을 향상시키기 위해서는 다음의 두 가지 방법을 제시할 수 있다.
하나는 유능한 티칭 프로에게 레슨을 받고 티칭 프로로부터 지적을 받은 부분을 개선을 시키는 것이다. 또 다른 하나는 골퍼들로 하여금 스윙을 할 수 있도록, 몸과 클럽의 이동이 적절하게 이루어지도록 하는데 중점을 두는 것이다. 그러면서 잘못된 스윙을 극복하기 위해 클럽의 사양을 바꾸도록 하므로, 클럽을 골퍼에게 아주 정확하게 맞도록 만드는 클럽 피팅(fitting)을 하여 주는 것이다.

티칭 프로가 제시한 새로운 형태의 스윙 변화를 통해 만들어진 스윙은 골프 게임의 능력을 향상시킴과 동시에 점수를 줄여주는데 있어서 확실히 성공가능성이 높다. 반면에, 모든 골퍼들이 새로운 스윙의 변화에 적응이 되도록 신체적으로 따라갈 수 있는가가 하나의 문제로 되고, 또한 스윙의 변화를 통한 것이 최적임에도 불구하고 모든 골퍼들이 현재 본인이 지닌 잘못된 스윙을 새로이 고치고자 하는 변화된 스윙으로 적응하기 위해서는 반드시 요구되는 피눈물나는 연습을 실행할 수 있는가에 대한 문제가 제기된다.

우리들 중 무작정 골프 클럽을 휘두르며 연습을 하는 사람들이나, 혹은 연습을 게을리하는 사람들에게 반가운 소식으로 본인에게 맞는 클럽을 피팅시켜주므로 점수를 줄여주는 방법을 들 수가 있다. 이 방법은 지난 수년 전부터 현재에 이르기까지 미국과 골프의 선진국에서 행해져 왔고, 어떤 상황이나 어느 경우에서도 가장 훌륭한 방법이 될 것이다.

새로이 만들어져서 출시가 되는 골프 클럽들 가운데는 부분적으로 어떤 골퍼들(프로 골퍼들이나 한자리 이하의 핸디캡을 지닌 골퍼들)을 표본으로 조사를 하여 그들에게 골프 게임의 만족도를 충족시켜 줄 수 있도록 새로운 기술과 기법을 사용한 클럽을 생산을 하게 된다. 그러므로 새롭게 출시가 되는 클럽들이 모든 골퍼들이 아닌 위에서 제시한 부분적인 범위의 골퍼에 한정함을 명심해야 할 것이다. 즉, 클럽을 제작하는 회사들은 이같이 제한된 범위의 골퍼들(프로들이나 한 자리 이하의 핸디캡을 지닌 골퍼들)에게 도움이 되도록 그들에게 맞는 피팅된 클럽을 제작하는 것이다.

이같은 사실은 지금 현재까지도 최신의 피팅 기법과 가장 숙련된 클럽 피팅의 자격을 가진 사람이 바로 투어 프로들일 것이다. 또한 투어 프로들이 클럽 샤프트와 그립은 여러분이 쉽게 접근하는 골프 샵에서 판매하는 그런 클럽 샤프트나 그립들이 아님은 또한 사실일 것이다.

비록 최고의 위치에 있는 골퍼들이 자신들에게 맞는 클럽 피팅의 장점들에 대해서 홍보를 하고 있지만, 초보자들이나 핸디캡이 높은 골퍼들에게는 많은 스윙의 문제들을 야기시키는 것이 명백한 사실이다. 그리고 스윙의 문제점들이 더 많아지면 많아 질수록, 본인에게 맞는 클럽을 피팅함과 이런 기술들이 여러분의 골프 게임의 능력을 향상시키는 데 큰 기회를 줄 수 있다는 것은 자명한 사실이다.

골퍼들이 플레이에 적합하도록 제작하는 클럽의 사양은 약 20개 이상이 있다. 경험이 많은 클럽 피터들로 하여금 이 같이 많은 종류의 클럽 사양들 가운데서 개개인의 골퍼들 특성에 맞는 것 중 몇 가지를 선택할 수 있을 것이다.

클럽 피팅을 통해서 여러분의 골프 게임의 능력을 향상시키는 것이 바로 골프에서 개선하고자 하는 것들이 향상되어지는 것을 확인시키는 것이다. 본인에게 알맞게 만들어진 피팅으로 인하여 샷을 하는데, 영향을 주는 4가지 기본적인 것들을 보도록 하자.
다음의 경우 주된 피팅 요소들에 대해서 알아 보기로 하자.

(1) 거리

· 클럽 헤드 로프트 각도
· 클럽 길이
· 클럽 헤드 무게의 중심(center of gravity)
· 샤프트 웨이트/클럽 전체 웨이트(weight)
· 볼을 때린 결과 각 클럽 별로 나타나는 유형

(2) 정확도

· 클럽 헤드 라이 각
· 클럽 길이
· 클럽 페이스(face) 각(우드에 대해서)
· 볼을 때린 결과 각 클럽 별로 나타나는 유형

(3) 임팩트의 질이나 정확하게 볼을 맞추는 느낌

· 샤프트 웨이트/클럽 전체 웨이트
· 샤프트 강도
· 그립 크기와 형태
· 클럽 길이
· 볼을 때린 결과 각 클럽 별로 나타나는 유형

(4) 탄도의 제어

· 클럽 헤드 로프트
· 클럽 헤드 무게의 중심
· 클럽 헤드 옵셋(offset)

· 샤프트 강도

대부분의 골퍼들은 위에 제시된 4가지 요소들을 모두 원하나, 골프 클럽이 작동하는 방법에 따라서 이 같은 목표들 중의 2가지 이상을 동시에 만족시키는 것은 대단히 어렵다. 다시 말해서, 골퍼들은 먼저 자신의 플레이를 더 잘할 수 있도록 하는 방법 중에서 가장 중요한 요인들을 찾은 후에, 그 중에서 가장 우선순위가 되는 것을 목표로 할 수 있도록 클럽을 가장 적절하게 피팅하는데 목적을 두어야만 한다.

예를 들면, 티에 볼을 놓고 샷을 할 때 투어 프로들뿐만 아니라, 대부분의 주말 골퍼들도 마찬가지로 거리를 늘리고 싶은 것이 가장 큰 목표일 것이다. 거리의 증대는 주로 스윙 속도에 기인을 하는 것이다. 만약 클럽을 시속 10마일의 속도로 스윙을 할 수 없는 정도의 운동 신경을 가진 경우나, 골프 실력을 향상시키기 위해서 습관화시켜서 자신의 것으로 만들어야 하는 방법, 즉 말하자면 임팩트 근처에서 클럽 헤드를 릴리즈(release)시킬 수 있는 것들의 방법에 시간을 투자하지 못하는 경우에는 아마도 거리의 증대를 기대할 수가 없을 것이다.

그런 경우에는 여러분들이 할 수 있는 방법과 자신에게 맞도록 클럽을 피팅하는 것을 생각을 할 수가 있다. 즉, 잘 이루어진 피팅을 통해서 클럽 페이스를 볼에 칠 때 최적의 각도로 유지시킴과 날아가기 위한 초기 볼의 속도를 증대시키므로 해서 거리의 증대를 생각할 수가 있다. 이같은 방법의 대부분은 적절한 드라이버의 로프트, 클럽 페이스의 두께와 샤프트 강도를 선택함으로서 이루어지게 된다. 어떤 경우에서는 거리의 증대가 현재 여러분이 지니고 있는 드라이버가 스윙을 위한 필요성에 불일치할 경우도 나타나는 경우도 있다.

여전히 더 멀리 가도록 하기를 원하는가? 클럽의 전체 웨이트(total weight)를 줄여주는 아주 가벼운 그라파이트(graphite) 샤프트와 가벼운 그립을 사용하므로 여러분이 지니고 있는 현재 상태의 신체적인 조건에서 스윙의 속도를 증가시킬 수가 있게 된다.

볼에 도달되는데 완전히 최적의 상태로 이루어진 최고의 스윙 속도를 여러분에게 만들어지도록 하기 위해서 클럽 피터(fitter : 클럽을 여러분들에게 알맞도록 피팅을 하는 사람)는 올바른 클럽 헤드에 적절하게 조화가 이루어지는 가벼운 샤프트와 그립을 만들어주게 할 것이다.

또한 클럽 피터는 여러분들의 조건을 파악하기 위해서 더 긴 샤프트를 가지고 실험을 해 보게 될 것이다. 이같이 더 긴 샤프트를 이용하는 것은 거리 증가를 시켜주는 또 다른 요인이기 때문이다. 그러나 이 때 가장 중요한 것은 여러분들이 더 긴 샤프트를 이용해서 항상 페어웨이(fairway)에 안착을 시킬 수 있는 것이 최우선 과제인 경우이라고 하면, 더 긴 샤프트로 클럽 헤드 속도를 증가시킬 수가 있다고 하더라도 더 긴 샤프트를 이용하는 방법이 정확도 면에서는 그리 좋지 않음을 여러분들은 알 수가 있을 것이다.

그래서 여러분들은 클럽 피터들로부터 성취하고자 하는 것을 위한 다른 도구들을 이용해서 정확한 선택하게 될 것이다. 여기서 중요한 점은 본인에게 맞도록 피팅한 것만을 가지고 선택을 한다는 것이다.

이 같은 선택을 더 쉽게 할 수 있도록 함과 정해진 목표를 쉽게 달성할 수 있도록 하는 것은 새로운 골프 기술을 이용하는 것이다. 새로이 만들어진 장치 즉, 클럽 헤드의 속도, 클럽 면이 볼에 도달해서 날아가기 위한 초기 속도와 볼이 날라가는 각도 그리고 볼 스핀의 정도를 나타내는 것으로 모든 부분을 기록하고 분석을 하는데 이용이 된다. 이런 분석을 통해서 정확한 클럽의 피팅을 할 수가 있는 것이다.

또 다른 정보를 보면, 지난 수십 년 동안에 클럽을 제조하고 생산하는 회사들은 자신들의 클럽이 어느 유형의 골퍼들에게 가장 적합한가 하는 많은 정보들을 가지고 있다. 클럽 피터들이나 맞춤형 클럽을 제조하는 회사들은 비슷한 유형의 골퍼들에게 권해줄 수 있는 클럽의 사양이나 스윙의 특징들로 이루어진 정보를 기본으로 해서 여러분들에게 알맞은 클럽을 추천을 하게 될 것이다.

지난해에 골프 다이제스트에서 새로운 클럽을 구매한 골프에 심취한 많은 수백명의 골퍼들을 조사한 적이 있다. 여기에서 결과를 보면, 이들 10명 중의 거의 8명은 데모로 만들어진 클럽들을 사용해 본 결과 그 클럽을 사겠다고 하는데 적극적으로 동의하였다. 그리고 10명 중의 6명 이상이 본인에게 맞는 클럽으로 피팅을 해서 구매하는 것이 좋다는 대답을 하였다. 그러나 10명 중에 단지 4명만이 새로 구매한 아이언을 피팅하였고 우드의 경우는 1/3 이하였다.

앞으로 클럽 피팅의 과정이 더 급속적으로 확산이 될 것이며, 만약에 여러분의 스윙에 맞는 피팅을 추가하지 않으면, 골프 게임을 하는데 증진이 아닌 후퇴 즉, 파(par)에서 보기(bogey)로 전락을 할 수 있을 정도로 중요한 요인으로 부각이 될 것이라 전망을 한다.

[2] 클럽 피터가 **유념**해야 할 사항

클럽 피팅을 하기 이전에 골퍼와 면담을 통해서 피팅하고자 하는 실제적인 의미를 찾는 것이 가장 중요하다. 이런 면담 과정의 절차 내용을 통하면 피팅의 결과가 바로 골프 실력의 향상으로 이끌어 지도록 하는 과정이기도 하다. 자세한 내용은 아래에 기술이 된 자료들 즉, 클럽 피팅 질문서, 스윙시 위치별 변화 인식표와 골프 클럽 피팅 사양표를 작성하므로서 피팅에 실제적인 도움이 되도록 해야만 한다.

이와는 별도로 면담을 위한 과정동안 혹은 골퍼들과 실제적인 피팅을 함에 있어서 피터들이 반드시 유념해야만 할 항목들을 보면 보면 다음과 같다.
① 장비에 대한 긍정적인 면을 가지고 있는가를 체크한다.
② 개발된 장비의 지식을 가지고 있어야만 한다.
③ 새로운 클럽을 사도록 강요하지 말 것
④ 데모(demo) 클럽을 준비할 것
⑤ 정기적으로 가장 최근의 데모 클럽을 준비해야 한다.
⑥ 고객에게 피팅을 하여 준 다음에 주기적으로 체크를 해야만 할 것이다.
⑦ 골퍼들에게 자신의 생각을 제시하는데 주저하지 않도록 해야 한다.
⑧ 골퍼들의 퍼터를 체크하는 일은 반드시 해야만 한다.
⑨ 다른 사람에 관한 부정적인 의견을 피하도록 할 것
⑩ 피터와 골퍼 사이의 의사소통이 잘 이루어지도록 할 것
⑪ 골퍼들이 불편하게 여기는 클럽을 선택하도록 강요는 하지 말아야 한다.
⑫ 쓸모 없는 데모 클럽의 사용은 피해야만 한다.
⑬ 피팅 과정 동안에 보낸 시간에 대해서 골퍼들에게 감사하는 마음을 가져야만 한다.

골프 클럽 피팅 사양표

클럽 모델	클럽 제조사	샤프트 길이	전체 웨이트	스윙 웨이트	클럽 로프트	클럽 라이	샤프트 유형	그립 사이즈
우드(WOODS)								
아이언(IRONS)								
퍼터(PUTTER)								

비고(NOTES)

클럽 피팅 질문서

성 명 :   전화번호 :

☐ 오른손 골퍼   ☐ 왼손 골퍼

골프를 한 년 수 :
한 달에 라운드하는 평균 횟수 :
지난 1년 동안 골프 레슨을 받은 적이 있는가?   ☐ 예   ☐ 아니오

골프 스윙을 하기 위해서 신체적인 문제가 있는가?   ☐ 예   ☐ 아니오
예인 경우의 구체적인 내용 기술 :

골프 스윙을 할 때 다른 신체적인 문제가 있는가?   ☐ 예   ☐ 아니오
예인 경우의 구제적인 내용 기술 :

드라이버를 사용할 때의 본인의 자신감 정도는?
☐ 상당한 자신감   ☐ 어느 정도의 자신감   ☐ 자신감이 없다

본인생각에 자신의 클럽은 :   ☐ 너무 길다   ☐ 너무 짧다   ☐ 잘 모르겠다
본인 클럽의 무게에 대한 느낌은?   ☐ 너무 무겁다   ☐ 너무 가볍다   ☐ 적당하다

아이언을 잘못 친 경우의 현상은 :
☐ 타 핑 볼   ☐ 밀어 치는 경향   ☐ 하늘로 떠올라간다
☐ 슬라이스   ☐ 일관성이 매우 부족   ☐ 훅
☐ 잘 모르겠다   ☐ 당기는 경향   ☐ 아주 낮게 친다
☐ 똑바로이나 정확하게 맞지를 않는다

중간 아이언을 그린으로 공략 할 때의 다음 중에 속하지 않는 경향은 :
☐ 정확하게 그린 안착   ☐ 그린 오른쪽   ☐ 그린 보다 짧은 경우
☐ 일관성이 없음   ☐ 그린을 넘어가는 경우 ☐ 그린 왼쪽

가장 자신 있는 아이언 중에서 거리를 최대로 많이 볼 낼 수 있는 클럽은?
가장 좋아하는 우드는 :   가장 좋아하는 아이언 클럽은:

다음 중에서 여러분이 원하는 경향은 :
☐ 볼을 높게 치기를 원함   ☐ 당기는 샷을 없애기를 원함
☐ 볼을 낮게 치기를 원함   ☐ 더 멀리 치기를 원함
☐ 슬라이스 방지를 원함   ☐ 더 일관성이 있기를 원함
☐ 훅 방지를 원함   ☐ 더 정확하게 치기를 원함

스윙시 위치별 변화 인식표

조건	클럽 피팅 전의 내용			클럽 피팅 후 변화된 내용
오른손의 그립 위치	☐ 너무 강함	☐ 너무 약함	☐ 적당	
왼손의 그립 위치	☐ 너무 강함	☐ 너무 약함	☐ 적당	
어드레스시 클럽 페이스의 위치	☐ 너무 열림	☐ 너무 닫힘	☐ 적당	
백스윙 탑에서 클럽 페이스의 위치	☐ 너무 열림	☐ 너무 닫힘	☐ 적당	
정 렬	☐ 너무 오른쪽	☐ 너무 왼쪽	☐ 적당	
스윙 경로	☐ 인사이드아웃	☐ 아웃사이드인	☐ 적당	
손과 팔의 사용	☐ 과도하게사용	☐ 블록시킴	☐ 적당	
임팩트시의 균형	☐ 토우	☐ 힐	☐ 적당	
임팩트시의 척추 각	☐ 업라이트	☐ 구부러짐	☐ 적당	
어드레스시 무릎의 유연성	☐ 직선	☐ 구부러짐	☐ 적당	
클럽에서 손의 위치	☐ 제일 끝	☐ 너무 낮게	☐ 적당	
스윙 플레인	☐ 업라이트	☐ 플렛	☐ 적당	
볼을 칠 때의 각	☐ 가파르게	☐ 너무 완만	☐ 적당	
디봇(divot)의 유형	☐ 토우 쪽으로 많이 ☐ 짧고 깊게	☐ 길고 얇게	☐ 적당	
척추 각의 변화	☐ 위에서 아래로	☐ 아래에서 위로	☐ 적당	
무게 이동	☐ 너무많이앞발에	☐ 너무많이뒷발에	☐ 적당	
스탠스시 볼의 위치	☐ 앞	☐ 뒤	☐ 적당	
티 업시 볼의 위치	☐ 높다	☐ 낮다	☐ 적당	
임팩트후의 어깨	☐ 밑으로 움직임	☐ 위로 움직임	☐ 적당	
클럽 페이스의 볼의 위치	☐ 높고 ☐ 낮고	☐ 토우 ☐ 힐	☐ 적당	
스윙 템포	☐ 빠르고	☐ 느리고	☐ 적당	
스윙의 부드러움	☐ 부드럽고	☐ 움직임이 많음	☐ 적당	
스윙 모습	☐ 어려운 스윙	☐ 쉬운 스윙	☐ 적당	
체중이동이 되는가	☐ 예	☐ 아니오		
클럽 페이스에 나타나는 표시 정도 ☐ 표시가 정확하고 깨끗함 ☐ 더러운 형태로 표시 ☐ 호젤이 구부려져 있는 클럽 ☐ 그립이 닳아져 있는가	어디에 표시되는가?_____ 어디인가 기술_____ 어느 클럽_____ 기술_____			

[3] 클럽 수선시 유념해야 할 내용

클럽 수선을 하는 경우에 지켜야 할 사항은 다음과 같다.

① 클럽 수선시 사용되는 기계 사용 규칙을 반드시 지켜야만 한다.
② 클럽 수선실에서는 반드시 수선용 안경을 착용한다.
③ 클럽 수선실에서는 반드시 클럽 수선을 하는 동안에 장갑을 착용한다.
④ 클럽 수선을 할 때 앞치마를 착용한다.
⑤ 기계를 이용하는 경우에 클럽 수선실에 있는 다른 사람들에게 피해를 주지 않도록 주의를 기울여야만 한다.

⑥ 그립의 무게, 클럽의 스윙 웨이트, 전체 웨이트 등등을 미리 기록을 하고 클럽의 수선을 해야만 한다.

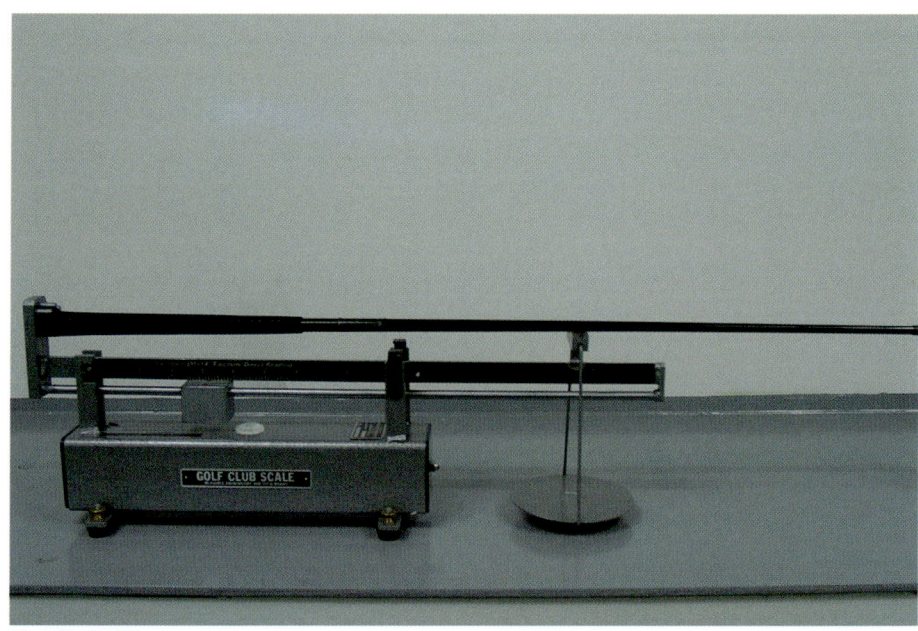

↗ 스윙 웨이트

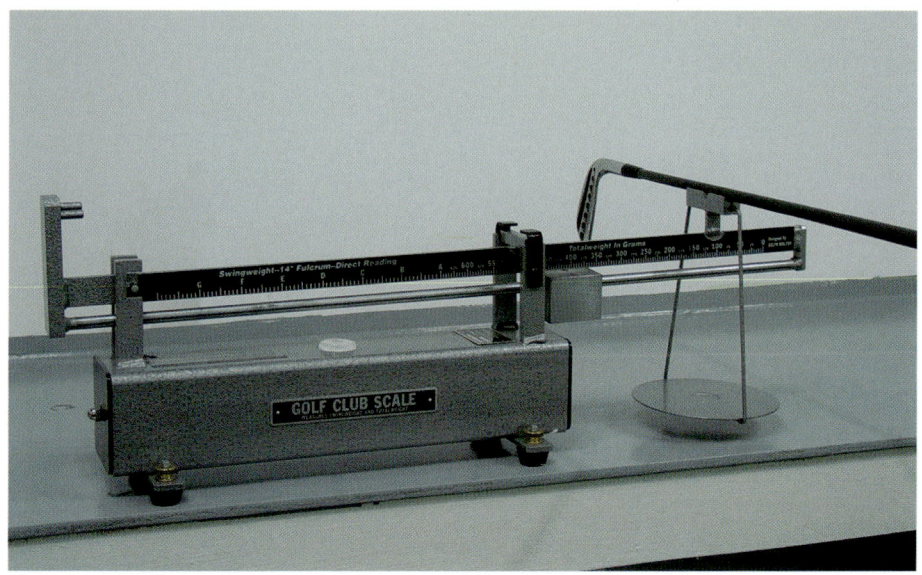

↗ 클럽의 전체 웨이트

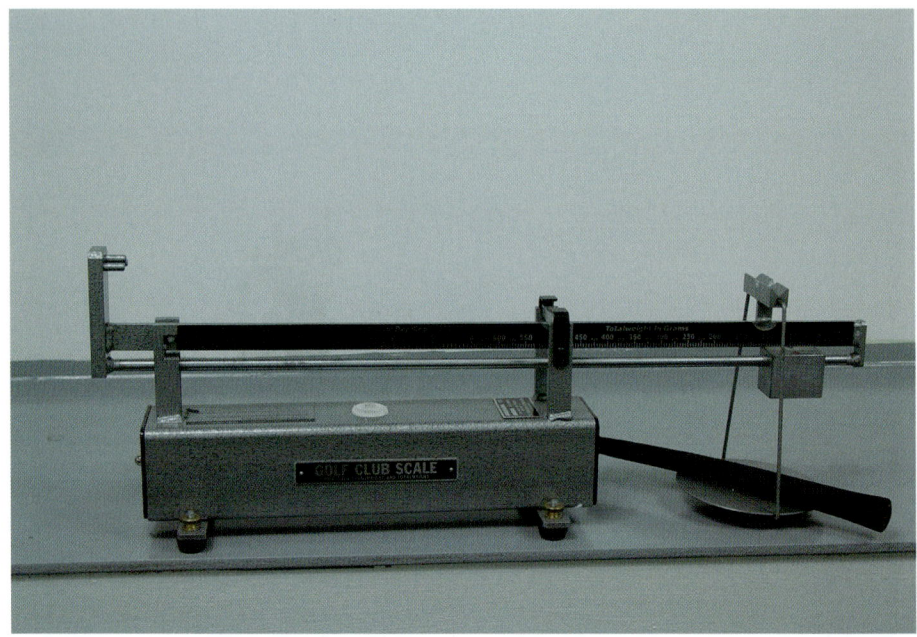
▲ 그립의 무게

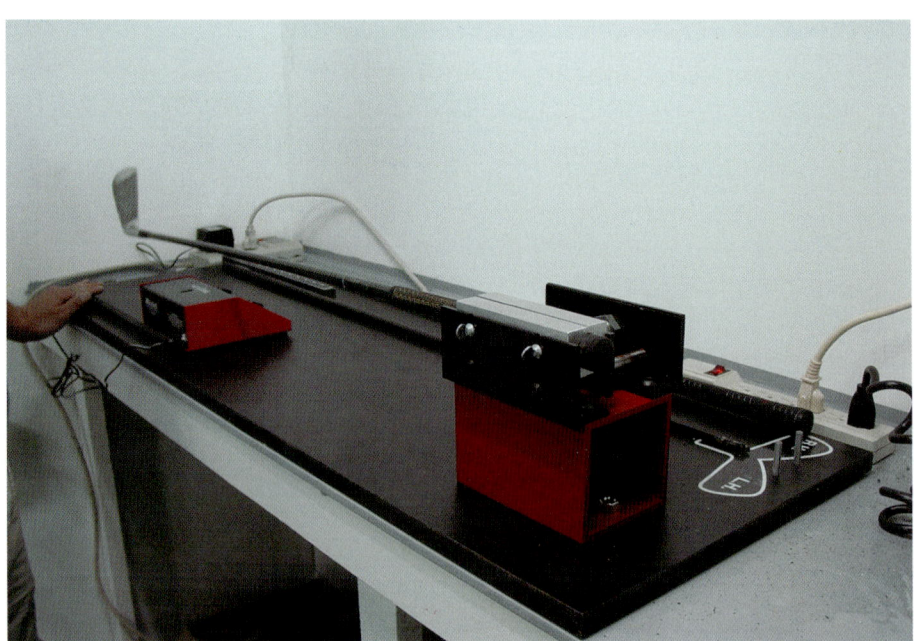
▲ 샤프트 진동 수 체크

내 손으로 클럽 수선해 보기

제1장 그·립·교·환

1 기본 개념

아마도 골프 수선에서 가장 많이 이루어지는 부분이 바로 그립을 바꾸는 것이다. 여기서는 다음의 두 가지로 나누어서 설명을 하고자 한다.

첫째로 그립에 대한 기본적인 사항들 즉, 그립 사양(specification), 그립 크기(size)와 스윙 웨이트(swing weight)에서의 그립 교체로 인한 영향 등등에 관한 내용을 보기로 하자.
두 번째로는 실제로 그립을 어떻게 교체하는지에 대한 것을 실제 그림을 통해서 보기로 하자.

그립은 다음의 3가지 경우 때문에 중요한 의미를 가지게 된다.
① 그립은 골퍼들이 클럽과 신체적인 접촉이 일어나는 유일한 곳이다.
② 그립은 골퍼들이 특정한 클럽에 대한 감각적인 느낌을 더해주기도 하고 나쁘게 해 주기도 한다.
③ 그립과 그립의 크기는 임팩트(impact)를 통해서 만들어지는 골퍼들의 손의 이동에 도움을 줄 수도 있거나 혹은 방해를 하는 경우도 있다.

그립 크기는 플레이어들에게 맞는 정확한 크기이어야 하고, 재질 또한 플레이어들에 의해서 선택이 되도록 만들어지고 있다. 이러한 그립의 재질은 고무, 합성 물질, 가죽이나 탄력적인 재질로 만들어진 것 등 여러 가지가 있다(그림 1-1 참조). 그립들은 부드럽게 구멍이 파져 있거나, 혹은 코드(cord)라고 칭하는 선으로 되어 있다. 이런 그립들은 둥그런(round) 형태를 지니거나 무늬가 만들어져 있는 것(ribbed)이 있고, 색깔은 검정색, 회색, 노랑색 혹은 빨강색 등 여러 가지 색으로 만들어 진다.

1-1 그립의 종류

플레이어들이 수많은 그립을 선택함에 있어서 제한이 없는 것처럼 보이지만, 대부분의 경우 그립의 형태와 재질의 선택에 있어서 개인적인 성향이 강하게 나타나고 있다. 골퍼들의 개인적인 성향에 따라서 그들에게 정확하고 일정한 샷을 만들어 낼 수 있게 하기 위해서 적절한 크기를 조언해 주는 것이 바로 클럽 피터(fitter)의 역할이다.

그립의 크기가 골퍼의 손에 비해서 크거나 작다고 하는 것, 혹은 정확하게 일치하는 것의 의미는 손을 이용해서 그립을 잡은 후에 손가락 끝이 손바닥에 겨우 닿을 정도이면 정확한 그립의 크기가 되고, 손가락 끝이 손바닥을 완전히 감싸는 경우는 그립 크기가 적은 경우이며 반대로 손가락 끝이 손바닥에 닿지 않는 경우는 그립 크기가 큰 경우를 의미한다(그림 1-2 참조).

ⓐ 정확한 경우 ⓑ 적은 경우 ⓒ 큰 경우

1-2 그립 크기

골퍼들의 대다수가 클럽을 사용함에 있어서 그립이 지닌 역할에 대해서 그 의미를 무시하고 있다. 적어도 모든 골퍼들의 50% 정도가 상당히 많이 떨어진 그립을 착용하거나 자신에게 잘 맞지 않은 그립을 가지고 플레이를 하고 있다. 이같은 상황 중의 어느 것도 정확한 샷을 만들어내는 데는 도움을 주지 않을 것이다. 만약 상당히 많이 떨어진 그립을 착용해서 샷을 하는 경우, 골퍼들의 손이 클럽을 가지고 스윙할 때 미끄러지는 현상이 발생될 것이다. 또한 미끄러지는 것을 방지하기 위해서 스윙의 과정에서 클럽에 상당히 많은 힘을 가하므로 손의 위치가 변경되기도 한다. 이같은 현상은 그립의 크기가 크거나 적은 경우에도 같은 문제가 발생되므로 정확한 크기의 그립을 사용하는 것이 필수적인 사항이다.

그립의 크기를 측정하는 방법에는 여러 가지가 있으나, 가장 보편적으로 사용되는 방법으로는 그립 측정자(그림 1-4)를 사용할 수가 있다. 그립 측정자를 이용하는 경우에는 그립의 제일 끝에서부터 2인치 떨어진 곳을 측정하면 정확한 그립의 크기를 알 수가 있다. 그립 측정자 사용 방법으로는 보편적으로 측정자의 왼쪽 부분에 측정 위치를 나타내는 2인치의 길이를 나타내는 눈금이 있으므로, 이것을 이용해서 그립에서부터 2인치 밑을 측정을 한다(그림 1-4ⓐ). 그리고 나서 표 1-1과 같은 여러 가지 종류의 그립 크기를 측정 자의 구멍이 나와 있는 부분과 일치되는 곳을 찾으면 그것이 그립의 크기가 되게 된다(그림 1-4ⓑ).

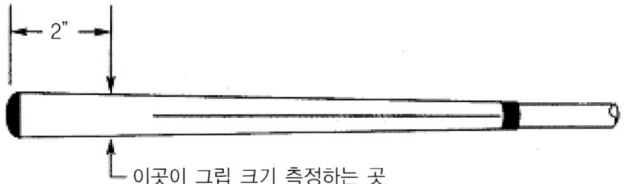

이곳이 그립 크기 측정하는 곳

1-3 그립 측정 위치 선정

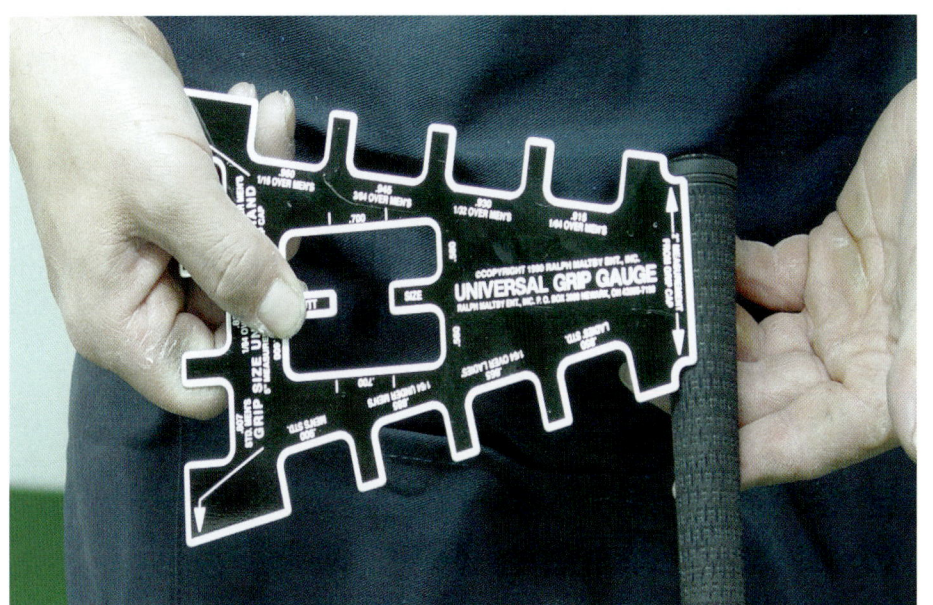

ⓐ 2인치 체크

ⓑ 그립 크기 선정

1-4 그립 측정자

그립 측정자의 사용 방법은 그립의 제일 끝인 두툼하게 튀어나온 부분(우리는 이것을 butt end라고 부름, 이하에서는 버트(butt)라고 할 것임)에서 2인치 떨어진 곳의 그립 위치와 그립 측정 자의 위치가 일치되는 곳의 크기가 본인에게 알맞은 그립 크기가 된다.

이 같은 표준 그립 크기의 종류(그립을 샤프트에 장착시키는 경우에 들어가도록 비어져 있는 부분 여기서는 그립 입이라고 한다. 그리고 크기 표시는 그립의 제일 뒤인 버트 부분에 표시가 되어 있음)를 보면 다음 표 1-2와 같다.

▋표 1-1 표준 그립 크기 표

그립 크기	공통적인 샤프트 버트(butt) 직경	비고
M58	0.580"	남자 표준형
RM58	0.580"	남자 표준형(라운드형)
M60R	0.600"	남자 표준형(라운드형)
M62	0.620"	남자 표준형
SM60	0.600"	남자 표준형(Smooth형)
L58	0.580"	여자 표준형
L56	0.560"	여자 표준형

"는 인치를 의미함

▋표 1-2 버트에서 2인치 떨어진 곳의 그립 크기 표

그립 크기 유형	상대적 크기	남자의 그립 직경	여자의 그립 직경
최대로 큰 것	1/16" 정도 큰 크기	0.960"	0.910"
아주 큰 것	3/16" 정도 큰 크기	0.945"	0.895"
큰 것	1/32" 정도 큰 크기	0.930"	0.880"
조금 큰 것	1/64" 정도 큰 크기	0.915"	0.865"
평균	표준적인 크기	0.900"	0.850"
다소 적은 것	1/64" 정도 적은 크기	0.885"	0.835"
아주 적은 것	1/32" 정도 적은 크기	0.870"	0.820"

M58 그립을 0.580 직경 버트 샤프트에 장착을 하는 경우에는 이중 테이프를 한 겹으로 된 것을 사용하면 표준적인 그립 크기(0.900")를 얻을 수가 있다. 즉, 이중 테이프의 한 겹은 0.010"의 두께를 지니게 된다. 그리고 1/64"는 10진수 값으로 0.015"를, 3/64"는 0.045", 1/32"는 0.030"를 그리고 1/16"는 0.060"의 값을 나타내게 된다. 즉, 다음 표 1-3의 경우를 보기로 하자.

■ 표 1-3 그립에 관해서 따라서 이중 테이프를 장착하는 정보

이중 테이프의 개수	10진수 값	크기
1	0.010"	+1/64"
2	0.020"	+1/64"
3	0.030"	+1/32"
4	0.040"	+3/64"
5	0.050"	+3/64"
6	0.060"	+1/64"

M58의 그립을 0.600" 직경 버트 샤프트에 장착을 하는 경우에는 그립을 남성 표준 크기보다 1/64" 정도 보다 다소 큰 것으로 측정된다. 다른 예로 M58 그립을 0.620"의 직경 버트 샤프트에 장착을 하는 경우에는 남성 표준 크기보다 1/32"보다 다소 크게 측정된다.

그립 크기를 피팅함에 있어서, 그립 크기가 크고(예로 M60이고) 샤프트 버트 사이즈가 적은 경우(0.580"), 표준적인 그립 크기로 만들기 위한 방법은 다음과 같다(이 경우는 남성 표준 크기 보다 1/64" 적게 만들면 된다). 그립이 가지고 있는 크기를 줄이기 위해서, 그립이 장착된 샤프트에서 밑으로 더 내려오도록 해서 즉, 그립의 길이를 길게 만들어서 표준적인 그립 크기로 만들면 된다. 대략 3/4"에서 1"정도가 되도록 밑으로 그립의 길이를 더 길게 하는 경우 대략적으로 1/64"정도 크기가 감소가 되게 된다.

남성 그립 크기를 줄이는 방법으로는 여성 그립을 사용하는 것이다. 여자와

남자의 그립 크기의 차이는 대략적으로 3/64"이다. 예로서, L58 그립을 0.58" 직경 버트 샤프트에 장착을 하는 경우, 그립을 여성 표준 그립이 되고 남성 표준 그립보다는 3/64" 적게 된다. 이 경우 남성 표준 그립으로 만들기 위해서는 이중 테이프를 4~5개의 층을 만들어서 그립을 장착하면 된다. L56 그립을 0.580" 직경 버트 샤프트에 장착을 하는 경우에는 여성 표준 크기보다 1/64" 크고 남성 표준 크기보다는 1/32" 적게 된다. 이 경우 남성 표준 크기를 만들기 위해서는 이중 테이프 3개의 층을 만들어서 그립을 장착하면 된다.

다음으로는 그립이 스윙 웨이트와 클럽 전체 웨이트에 어떤 영향을 주는지에 대해서 보기로 하자.

원래의 그립 무게에 비해서 5그램 정도의 차이가 나는 다른 그립으로 교체를 하는 경우에는 스윙 웨이트가 1포인트 변화가 됨을 주지해야만 한다.
또한 그립의 무게와 양면 테이프의 몇 개의 겹으로 이루어지는 가에 따라서 전체 웨이트와 스윙 웨이트에 영향을 주므로 이런 내용들을 그립을 교체함에 있어서 반드시 고려를 해야만 할 것이다.

클럽 피터가 유념해야 할 사항

클럽 피터가 일반 골퍼들에게 그립을 교체해 주는 경우에 있어서 유념해야만 할 사항을 보면 다음을 들 수가 있다.

① 볼의 일관성을 위해서 적절한 그립의 크기와 재료를 알고 있어야만 한다.
② 골프 클럽 전체의 그립 크기를 일정하게 해 줄 수가 있어야만 한다.
③ 자신감을 가지는 데 있어서 느낌이 가장 중요하다는 것을 알고 있어야 한다.
④ 가격과 성능을 설명할 수가 있어야만 한다.
⑤ 기온에 따른 그립의 차이를 설명할 수가 있어야만 한다.
⑥ 일년에 한 번 정도는 그립을 교체하도록 추천을 해야만 한다.
⑦ 다른 그립의 크기와 유형에 따라서 볼의 탄도를 체크할 수가 있어야만 한다.

\# 3 그립 교체

그립을 교체함에 있어서 가장 중요하게 생각해야 할 부분은 바로 새로운 그립으로 바꾸므로 해서 클럽에 전체 웨이트와 스윙 웨이트의 변화에 대한 고려를 해야만 한다는 것이다. 앞 절에서도 설명이 된 바와 같이 5그램의 그립 변화는 스윙 웨이트의 1포인트 변화와 동일함을 의미한다. 또한 전체 웨이트에도 변화가 되어서 볼의 탄도와 스윙 속도에 영향을 주게 됨을 고려해야 한다.

특히 퍼터 그립의 종류에는 퍼터 그립을 바꾸는 경우, 여러 가지를 더 신중하게 고려를 해야만 한다. 골프 규칙에 의하면 퍼터 그립은 반드시 평편한 면을 가져야만 한다(이 평편한 면에 여러분들의 엄지 손가락이 놓여지는 부분이다). 이 때 긴 퍼터를 사용하는 경우에는 평면 한 면을 가지면 안되고, 라운드형의 그립으로 구성이 되어야 하는 것이 골프의 규칙이다.

그리고 퍼터 그립의 무게가 무거워지면 전체 클럽 웨이트는 역시 무거워 지는 반면에, 스윙 웨이트는 가벼워짐을 고려해야 한다. 그리고 퍼팅시에 너무 손을 많이 사용하는 경향이 있는 골퍼의 경우는 퍼팅 그립이 큰 것을 사용하도록 권하고, 퍼팅의 느낌을 느끼기에 부담이 되는 경우에는 퍼팅 그립이 적은 것을 채택하는 것이 올바른 것이다. 이런 점들을 이해하고 나서 퍼터 그립을 피팅과 수선을 해야만 한다.

그립 교체 이전에 반드시 이행해야 할 사항은 클럽의 사양, 스윙 웨이트, 전체 웨이트 와 그립 무게 등을 기록한 다음에 그립 교체 후에도 이 같은 내용을 기록하여 이전과 이후를 반드시 비교 분석을 해야만 할 것이다.

3.1 그립을 교체하기 위한 준비물

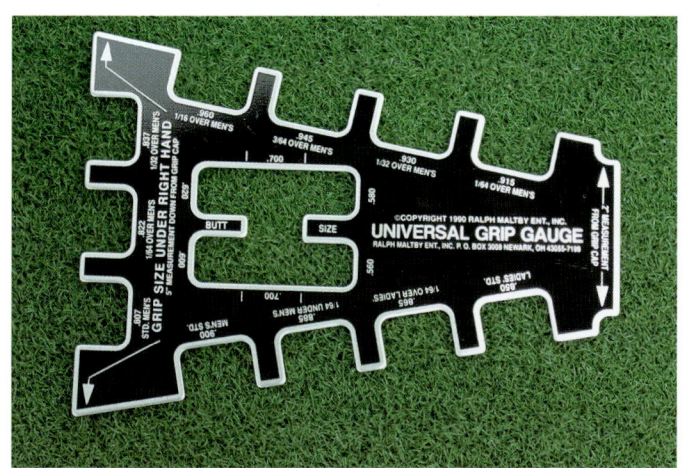
그립 크기와 샤프트 버트를 측정하는 자

빌드 업(build-up) 테이프

그립 테이프

그립 솔벤트

칼

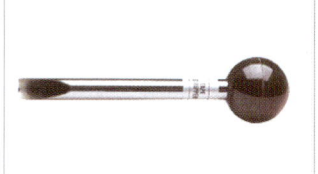
테이프 스트립퍼

새로운 그립

바이스

샤프트 보호대

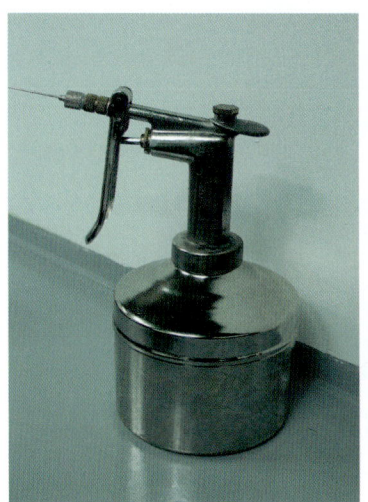
주사바늘과 솔벤트가 담긴 통

그립 스테이션

3.2 새로운 그립으로 그립을 교체하는 순서

❶ 그립 끝에서 2인치 떨어진 곳의 위치를 측정한다.

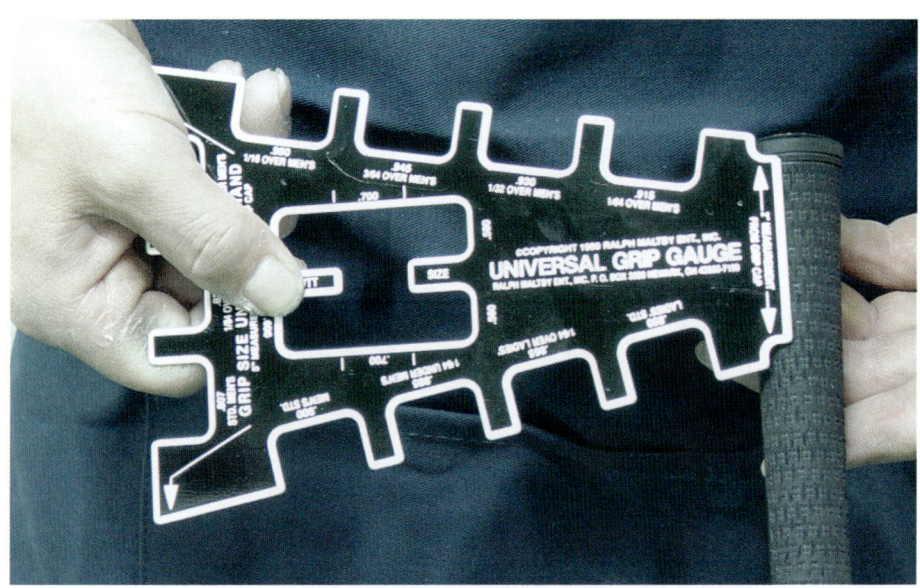

2인치 떨어진 곳의 크기를 측정한다.

❷ 샤프트 보호대를 이용해서 샤프트를 보호대 안에 끼우고 고정되어진 바이스에 샤프트가 장착된 보호대와 함께 삽입시켜서 고정시킨다. 이런 동작들이 번거로우면 그립 스테이션을 이용해서 샤프트를 고정시키면 된다. 그리고 나서 교체하고자 하는 그립을 칼을 이용해서 잘라낸다.

ⓐ 샤프트를 보호하기 위해서 샤프트 보호대에 샤프트를 끼운다.
ⓑ 바이스에 샤프트 보호대를 고정시킨다.
ⓒ 칼을 이용해서 그립을 자른다.

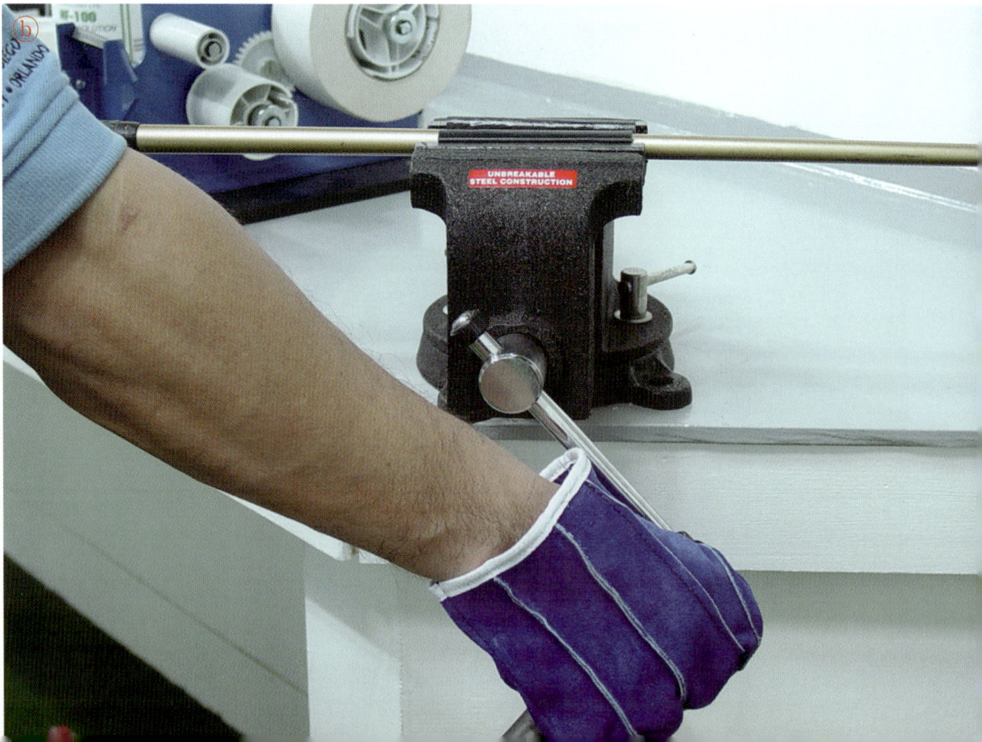

❸ 새로운 그립을 장착시키기 위해서 벗겨진 그립의 샤프트에 붙어있는 테이프를 깨끗하게 없애주어야만 한다. 테이프를 없앨 때는 샤프트에 흠이 안생기도록 하면서 긁어내어야만 한다. 이 때 테이프 스트리퍼(tape stripper)를 이용하면 스크래치같은 자욱이 샤프트에 생기지를 않는다.

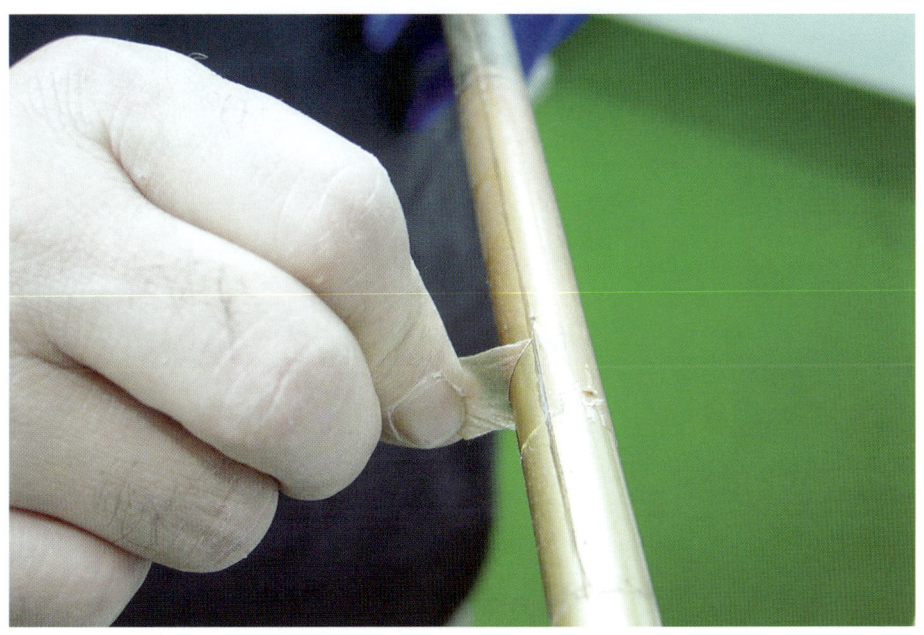

❹ 깨끗해진 샤프트에 새로운 그립을 장착시키기 위해서 새로운 테이프를 붙이게 된다. 새로운 테이프를 몇 개 붙일 것인가는 앞에서 이미 살펴본 테이프 장착 정보를 이용하면 된다. 이 때 테이프의 길이 결정은 그립의 크기를 이용하면 된다.

ⓐ 그립을 이용해서 테이프의 길이 결정
ⓑ 테이프를 장착한다.

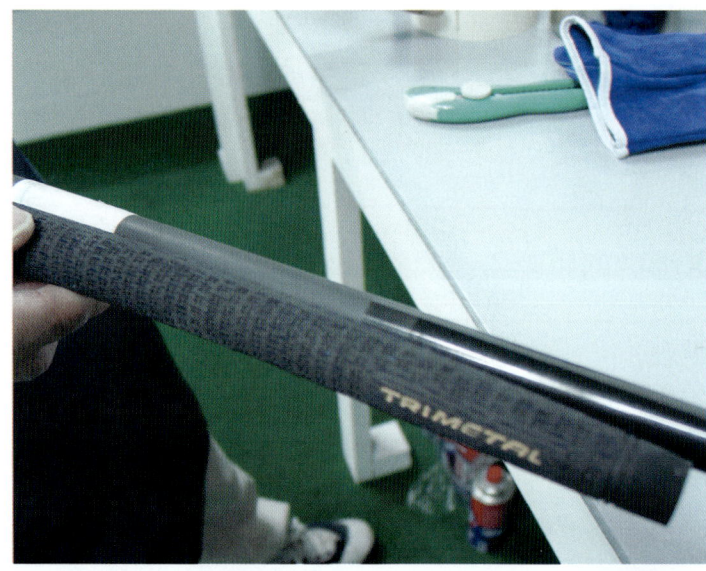

ⓒ 테이프 끝부분을 샤프트 안쪽으로 밀어넣는다.

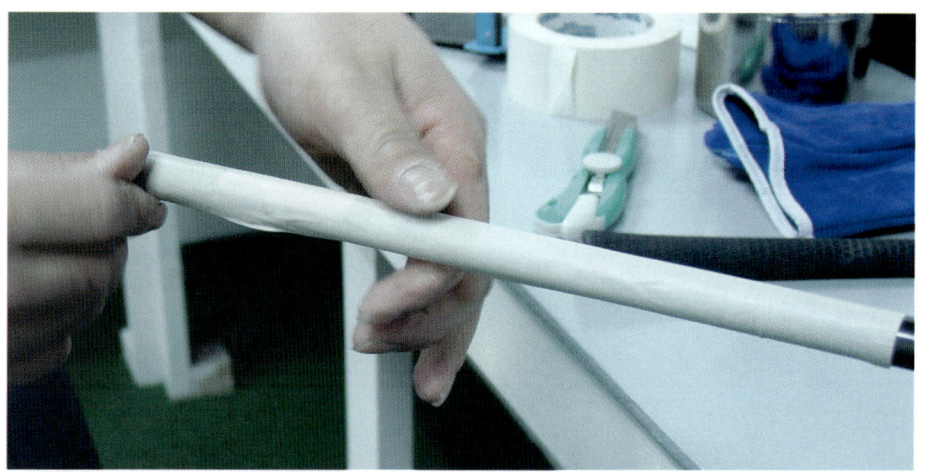

❺ 새로운 그립 가운데 비어있는 공간에(이 때 그립 끝에 있는 구멍은 막아야만 한다) 솔벤트(solvent)를 삽입한 후 그립 속에 담겨진 솔벤트를 샤프트에 붙여진 새로운 테이프 위에 부어 주면 된다. 그리고 새로운 그립을 테이프 위로 해서 밀어 넣으면 된다.

ⓐ 부착된 테이프 위에 솔벤트를 뿌린다.

ⓑ 그립 사이에 솔벤트를 뿌린다.

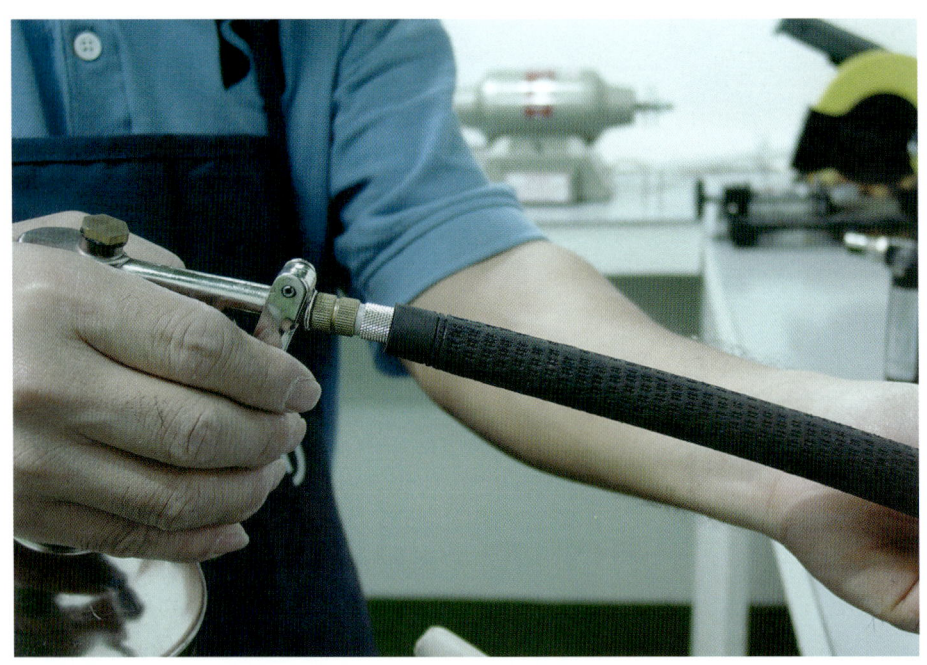

ⓒ 그립 속에 있는 솔벤트를 테이프에 다시 뿌린다.

ⓓ 그립을 테이프 위로 밀어 넣는다.

❻ 마지막 단계로 클럽을 땅바닥과 일치시켜서 정상적인 플레이 자세의 형태를 취한 후 그립을 움직여 가면서 그립의 라인을 맞추면 된다. 그리고 그립이 완전히 테이프와 샤프트에 접착이 되도록 하기 위해서 하루 정도의 시간을 필요로 한다. 즉, 하루 혹은 반 나절 동안은 새로운 그립으로 장착된 클럽의 사용을 자제해야만 할 것이다.

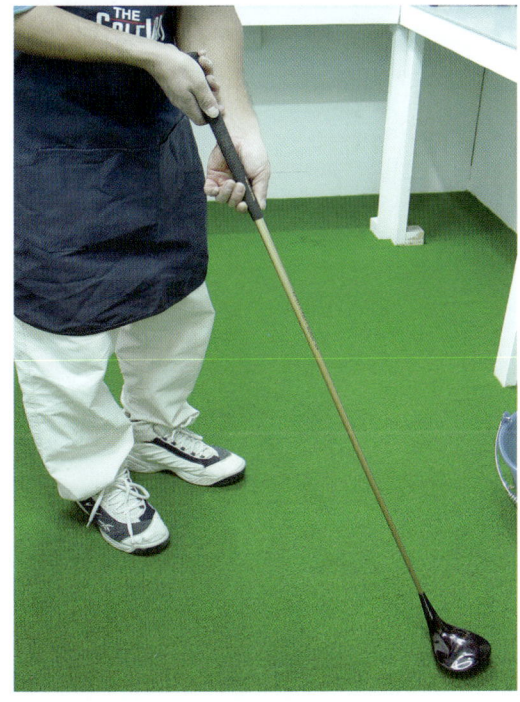

❼ 그립의 크기가 제대로 되었는지를 측정자를 이용해서 체크를 해야만 한다.

> 퍼터의 그립을 교체하는 경우도 위와 마찬가지이지만 단계 6에서의 그립의 라인을 맞추는데 있어서 반드시 일직선이 되도록 상당한 신경을 써서 교체를 해야만 할 것이다.

3.3 기존의 그립을 손상하지 않고 교체하기

❶ 그립 끝에서 2인치 떨어진 곳에서 그립 크기를 측정한다.

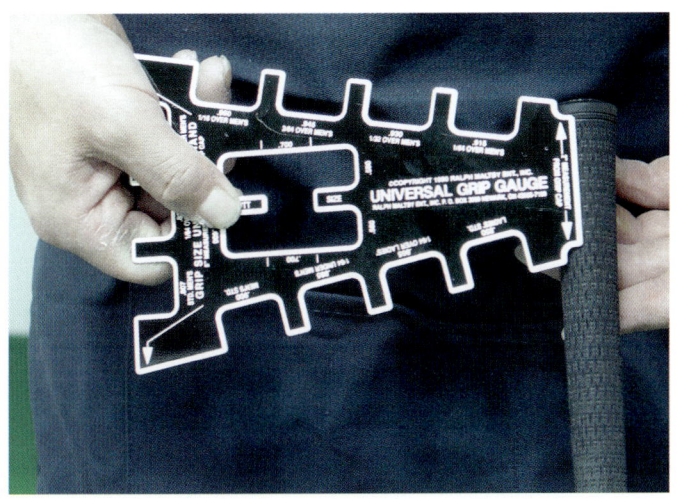

❷ 이전의 그립을 솔벤트로 채워진 바늘이 있는 주사기를 이용해서 그립의 여러 부위에 솔벤트를 삽입시켜서 이전의 그립과 테이프의 간격을 벌려주게 된다.

❸ 그러면 그립에 솔벤트가 삽입된 부위는 조금씩 부풀어 올라서 그립을 원형 그대로 빼기가 쉽게 될 것이다. 이렇게 해서 샤프트에 장착이 되어진 그립의 손상없이 그대로 샤프트에서 분리를 시키게 할 수가 있다.

❹ 새로운 그립(혹은 이전에 분리된 그립)을 장착시키기 위해서 벗겨진 그립의 샤프트에 붙어있는 테이프를 깨끗하게 없애주어야만 한다. 테이프를 없앨 때는 샤프트에 흠이 안 생기도록 하면서 긁어내야만 한다. 이 때 테이프 스트리퍼(tape stripper)를 이용하면 스크래치같은 자욱이 샤프트에 생기지를 않는다. ❹에서 마지막 단계까지의 그림은 위에서 기술한 그림과 같이 똑같이 이루어지므로 참조를 바란다.

❺ 깨끗해진 샤프트에 새로운 그립을 장착시키기 위해서 새로운 테이프를 붙이게 된다. 새로운 테이프를 몇 개를 붙일 것인가는 앞에서 이미 살펴본 테이프 장착 정보를 이용하면 된다.

❻ 새로운 그립에 가운데 비어있는 공간에(이 때 그립 끝에 있는 구멍은 막아야만 한다) 솔벤트(solvent)를 삽입한 후 그립 속에 담겨진 솔벤트를 샤프트에 붙여진 새로운 테이프 위에 부어 주면 된다. 그리고 새로운 그립을 테이프 위로 하여서 밀어 넣으면 된다.

❼ 마지막 단계로 클럽을 땅바닥과 일치시켜서 정상적인 플레이 자세의 형태를 취한 후 그립을 움직여 가면서 그립의 라인을 맞추면 된다. 그리고 그립이 완전히 테이프와 샤프트에 접착이 되도록 하기 위해서 하루 정도의 시간이 필요로 한다. 즉, 하루 혹은 반 나절 동안은 새로운 그립으로 장착된 클럽의 사용을 자제해야만 할 것이다.

❽ 그립의 크기가 제대로 되었는지를 측정자를 이용해서 체크해야만 한다.

3.4 투명 그립 교환하는 방법

투명 그립을 교환하기 위한 준비물은 다음과 같다.

투명 그립

스프레이

테이프

이외의 다른 것들은 앞의 그립 교환에서 사용한 것과 같다. 다음은 그립을 교환하는 순서이다.

❶ 그립 끝에서 2인치 떨어진 곳의 위치를 측정한다.

❷ 샤프트 보호대를 이용해서 샤프트를 보호대 안에 끼우고 나서 고정되어진 바이스에 샤프트가 장착된 보호대와 함께 삽입을 시켜서 고정을 시킨다. 그리고 이전의 그립을 칼을 이용해서 잘라낸다.

❸ 새로운 그립을 장착시키기 위해서 벗겨진 그립의 샤프트에 붙어있는 테이프를 깨끗하게 없애주어야만 한다. 테이프를 없앨 때 샤프트에 흠이 안 생기도록 하면서 긁어내어야만 한다. 이 때 테이프 스트리퍼(tape stripper)를 이용하면 스크래치같은 자국이 샤프트에 생기지를 않는다.

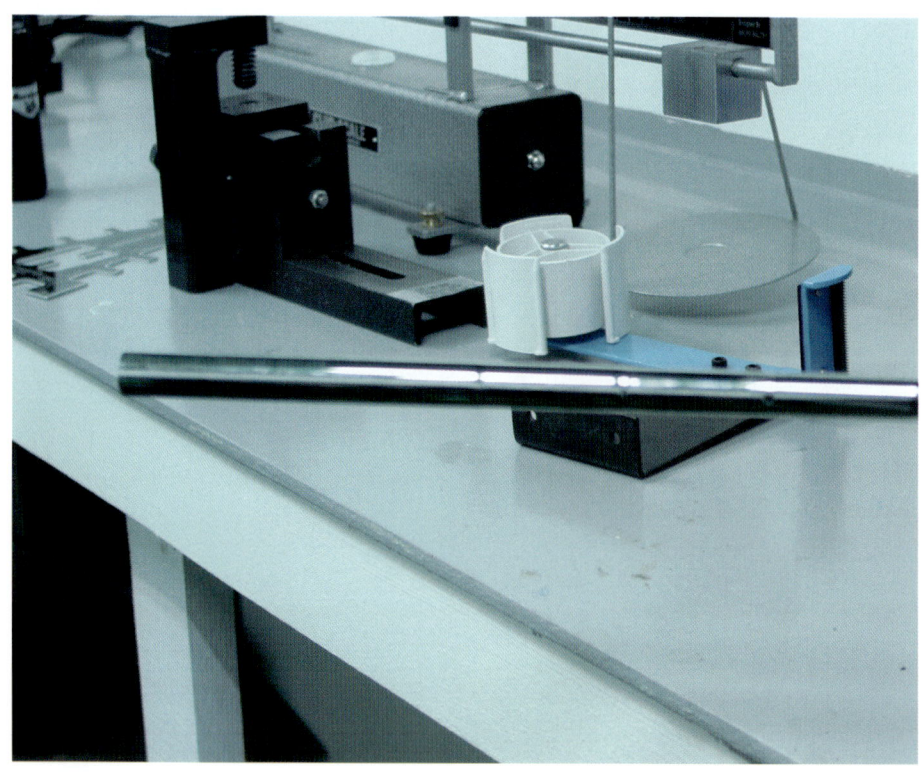

❹ 깨끗해진 샤프트에 새로운 그립을 장착시키기 위해서 새로운 테이프를 붙이게 된다.

❺ 스프레이를 이용해서 샤프트에 장착된 테이프 위에 뿌린다.

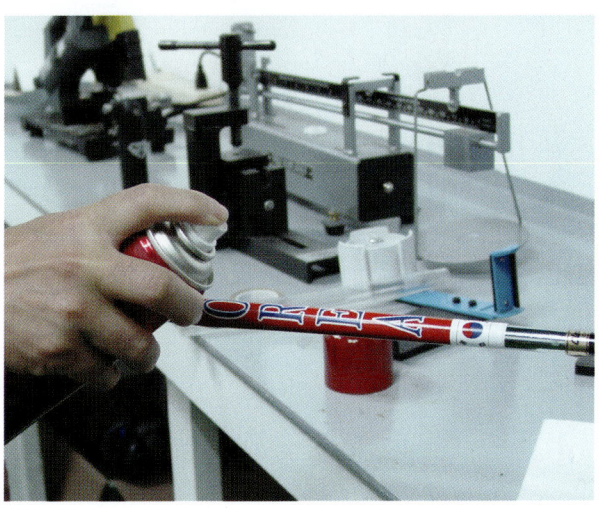

❻ 투명 그립을 끼우면 된다.

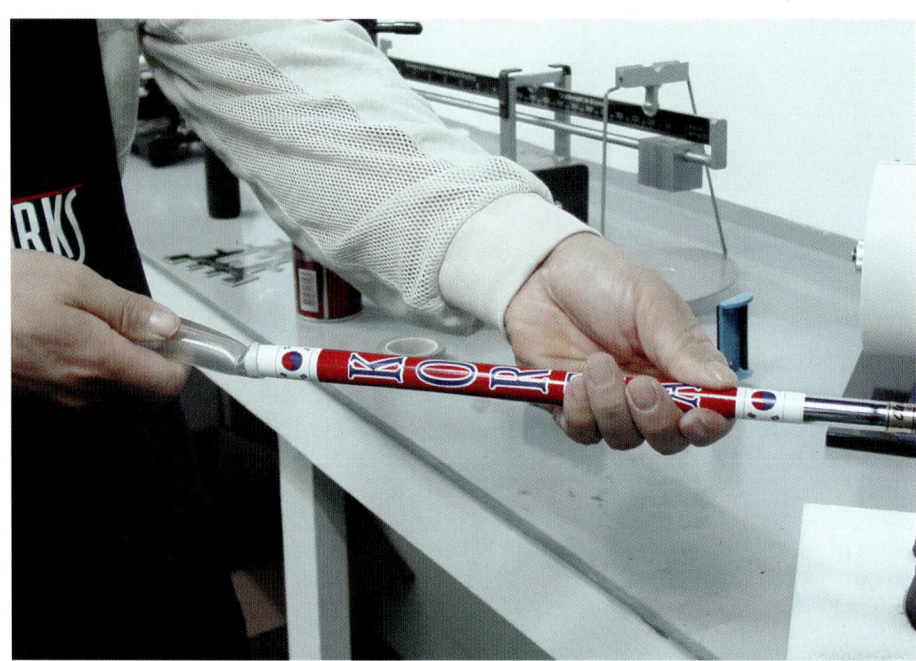

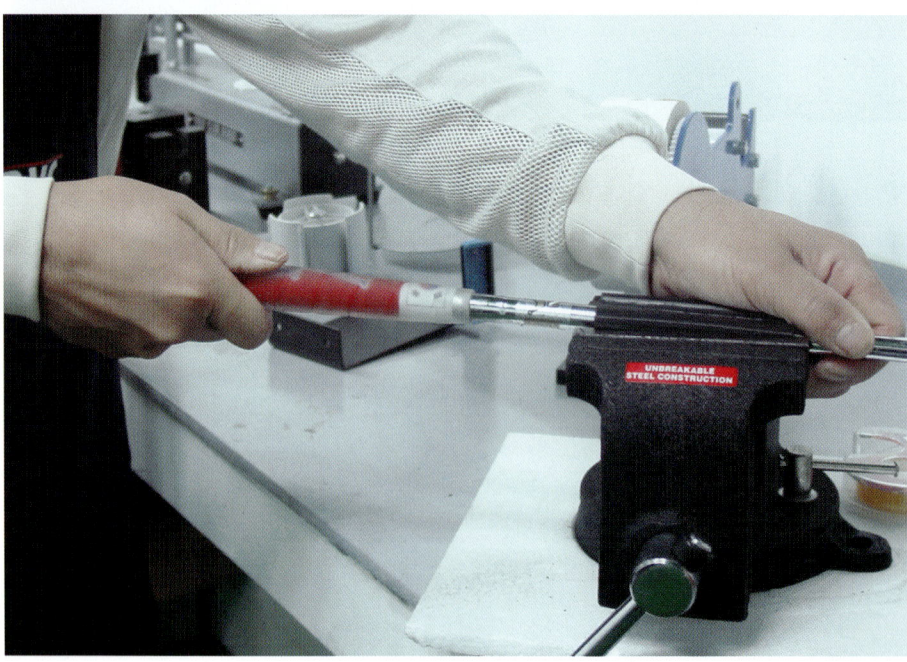

❼ 완성된 형태는 다음과 같다.

3.5 나선형 그립에서의 그립을 교체하는 순서

나선형 모양의 그립은 다음과 같다.

❶ 그립 끝에서 2인치 떨어진 곳에서 그립 크기를 측정한다.

❷ 그립의 끝 부분에 표시된 테이프를 제거한다.

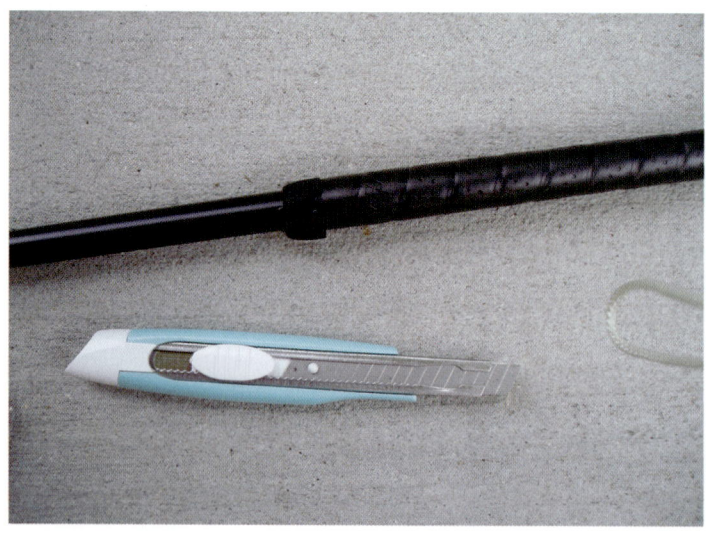

나선형의 그립을 나선모양으로 해서 제거시킨다.

그리고 이전의 그립을 버리는 경우는 칼을 이용해서 잘라낸다(그러나, 이전의 그립을 그대로 살리기를 원하면 주사바늘을 이용해서 그립을 그대로 유지시킨다).

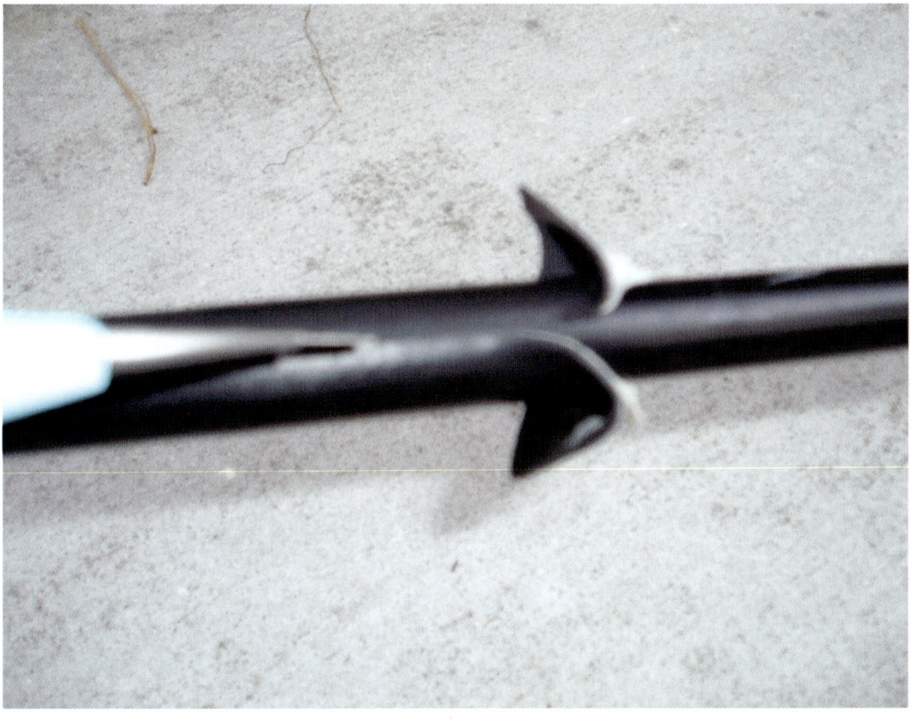

❸ 새로운 그립을 장착시키기 위해서 벗겨진 그립의 샤프트에 붙어있는 테이프를 깨끗하게 없애 주어야만 한다. 테이프를 없앨 때는 샤프트에 흠이 안 생기도록 하면서 긁어내어야만 한다. 이때 테이프 스트리퍼(tape stripper)를 이용하면 스크래치같은 자국이 샤프트에 생기지를 않는다.

❹ 깨끗해진 샤프트에 새로운 그립을 장착시키기 위해서 새로운 테이프를 붙이게 된다. 새로운 테이프를 몇 개 붙일 것인가는 앞에서 이미 살펴본 테이프 장착 정보를 이용하면 된다.

❺ 새로운 그립 가운데 비어있는 공간에(이때 그립 끝에 있는 구멍은 막아야만 한다) 솔벤트(solvent)를 삽입한 후 그립 속에 담겨진 솔벤트를 샤프트에 붙여진 새로운 테이프 위에 부어 주면 된다.

❻ 그리고 나서 새로운 그립을 장착하기 위해서는 나선형 모양의 제거한 부분을 샤프트에 테이프를 부친 부분 위에 삽입하면 된다.

❼ 그립을 장착시킨 후에 나선형으로 된 재료를 그립 위에 다시 감아주고 끝부분에 테이프를 이용해서 마감한다.

❽ 마지막 단계로 클럽을 땅바닥과 일치시켜서 정상적인 플레이 자세의 형태를 취한 후 그립을 움직여 가면서 그립의 라인을 맞추면 된다. 그리고 그립이 완전히 테이프와 샤프트에 접착이 되도록 하기 위해서는 하루 정도의 시간이 필요하다. 즉, 하루 혹은 반 나절 동안은 새로이 장착된 그립의 클럽 사용을 자제해야만 할 것이다.

❾ 그립의 크기가 제대로 되었는지를 측정 자를 이용해서 체크를 해야만 한다.

내 손으로 클럽 수선해 보기

제2장 샤·프·트

기본 개념

골프 샤프트를 피팅하는 과정에서 고려해야 할 중요한 요소는 다음의 3가지로 구분할 수가 있다.

① 샤프트 강도 : 서로 다른 샤프트를 비교하는 상대적인 느낌을 나타내는 것이다.
② 샤프트 재질과 무게 : 어떤 스윙 웨이트를 얻기 위해서 요구되는 클럽의 무게 분배를 결정하는 요인이다.
③ 샤프트에서 휘어지는 지점(flex point 또는 kick point라 함) : 스윙을 하는 과정에서 샤프트가 휘어지는 위치를 결정하는 요소이다.

골프 샤프트들의 이같은 3가지 요소들을 이용해서 피팅을 할 때에 클럽 피터들은 반드시 골퍼들이 실제적으로 무엇을 해결하고자 하는지를 명심해야만 할 것이다.

즉, 지금 현재 골퍼들에 대해서 ① 정확한 골프 샤프트 피팅을 위해서 위의 3가지 요인과 ② 플레이를 하는 경우의 발생되는 요소들 즉, 볼 탄도, 볼을 정확하게 치는 느낌, 일정하게 치는 것, 방향을 통제할 수 있는지와 클럽 속도(거리)를 정확하게 분석함과 동시에 적절한 샤프트를 추천해 줌으로서, 골퍼들로 하여금 매번 스윙을 할 때마다 만족시킬 수 있도록 해줘야만 하는 것이 클럽 피터의 목적이다.

이런 이유에서 골프 샤프트가 피팅을 하는데 있어서 가장 중요한 요인을 차지하고 있다. 또한 샤프트를 분류시키면 다음 표 2-1과 같다(여기서 스윙 속도는 5번 아이언을 기준으로 한 경우이다).

■ 표 1-2

강도	샤프트	스윙 속도	사용 대상
L	여성용 샤프트		여성들과 어린 아이들
A	시니어 샤프트	시속 60마일 이상	나이가 많은 사람들과 강한 힘을 가진 여성들
R	일반적인 샤프트	시속 75마일 이상	일반인들과 여자 프로들
S	강한 샤프트	시속 95마일 이상	힘이 강한 사람
X	아주 강한 샤프트	시속 115마일 이상	투어 프로들

이 같은 샤프트를 무게별로 구분을 하면 다음의 세 가지로 구분할 수가 있다. ① 표준적인 무게(121~132그램), ② 경량(110~120그램)과 초경량(70~109그램)을 나눌 수가 있다. 스윙 속도가 더 빠르거나 볼을 아주 강하게 치는 골퍼들에게는 강한 강도의 샤프트에 표준적인 무게를 지닌 샤프트를 추천을 하면 좋고, 반면에 스윙이 느린 골퍼에게는 경량이면서 강도가 약한 샤프트를 사용하는 것이 좋다.

클럽 헤드 속도는 정확한 샤프트 강도를 결정하는 데 주된 요인이 된다. 샤프트 강도가 정확하게 선택이 된다면, 골퍼들의 운동적인 균형을 잘 유지할 수 있게 된다. 그리고 이런 균형 유지를 통해서 클럽 헤드 속도가 증가가 됨은 물론이고 항상 일정한 볼의 탄도를 유지시킴으로서 볼을 이전보다는 더 정확하게 칠 수가 있게 된다. 또한 임팩트에 도달되었을 때의 소리가 힘차게 들릴 것이다. 잘못 정해진 샤프트 강도로 인해서 발생되는 문제들을 보면 다음과 같다.

❶ 샤프트가 너무 강한 것을 사용하였을 경우
· 과장이 심하거나 우스꽝스런 그립이 될 것이다.
· 의도된 방향보다 왼쪽으로 정렬을 할 것이다.
· 과장되게 클럽의 경로를 만들게 된다.

- 백 스윙의 제일 끝에서는 클럽 페이스(club face)가 닫혀진 상태가 되고 다시 임팩트에 와서는 클럽이 열리는 현상이 일어난다.
- 손과 팔을 과도하게 사용하게 된다.
- 균형을 유지하는 문제가 발생된다.
- 머리를 지속적으로 아래로 숙이는 경향이 있다.

❷ 샤프트가 너무 약한 것을 사용하였을 경우
- 의도된 방향보다 오른쪽으로 정렬을 할 것이다.
- 과장된 그립을 취한다.
- 불규칙적인 볼의 탄도가 발생을 한다.
- 클럽 페이스의 위치가 열리는 현상이 있다.

❸ 샤프트의 휘어지는 지점(deflection point)이 너무 높은 경우
- 항상 몸의 무게 중심에 오른쪽에 있으므로 해서 균형 유지에 힘을 많이 쓴다.
- 균형을 유지하는 경우에는
  ⓐ 샤프트가 너무 강하다는 느낌을 가진 경우와
  ⓑ 볼의 탄도가 너무 낮다는 느낌을 가질 것이다.

❹ 샤프트의 휘어지는 지점이 너무 낮은 경우
- 균형 유지에 힘을 많이 쓴다.
- 균형을 유지하는 경우는
  ⓐ 샤프트가 너무 부드럽다는 느낌을 가진 경우와
  ⓑ 볼의 탄도가 너무 높아져서 거리의 손실을 가져온다.

샤프트가 휘어지는 위치에 따른 비교를 보면 다음과 같다.

❶ 휘어지는 위치가 아래에 있는 경우(Low Kick point)
- 샤프트 강도가 약하게 느껴 진다.

- 로프트 각이 크게 느껴진다.
- 볼 탄도는 높다.
- 경량 스틸 샤프트에 유용

❷ 휘어지는 위치가 중앙에 있는 경우(Mid Kick point)
- 휘어지는 지점이 가운데 있다.
- 휘어지는 지점이 아래 있는 경우보다 덜 크게 느껴진다.
- 정상적인 볼의 탄도
- 초경량 그라파이트 샤프트에 유용

❸ 휘어지는 위치가 위쪽에 있는 경우(High Kick point)
- 샤프트 강도가 강하게 느껴진다.
- 로프트 각이 아주 적게 느껴진다.
- 볼의 탄도가 낮다.
- 보통적인 무게의 샤프트에 유용

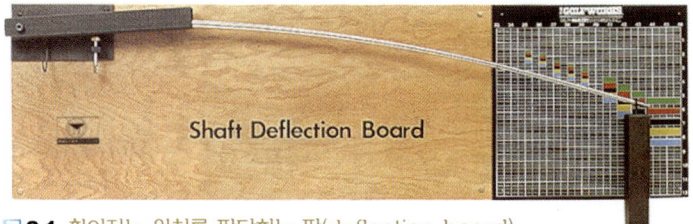

2-1 휘어지는 위치를 판단하는 판(deflection board)

  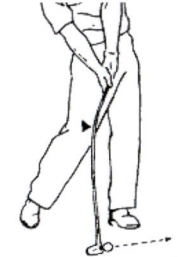

ⓐ 아래(low kickpoint)　　ⓑ 중간 (mid kick point)　　ⓒ 위 (high kick point)

2-2 클럽 샤프트의 휘어지는 위치

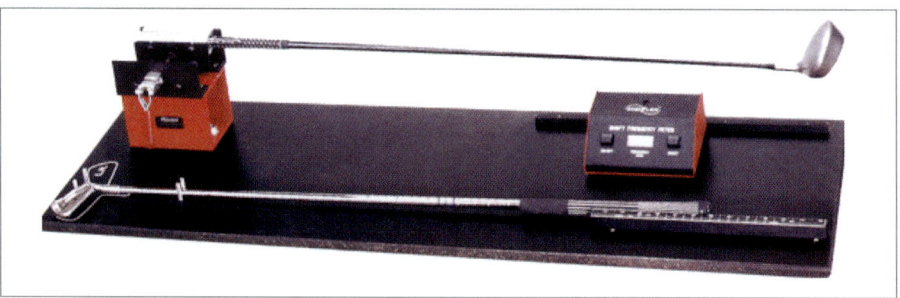

2-3 샤프트 진동수 분석기

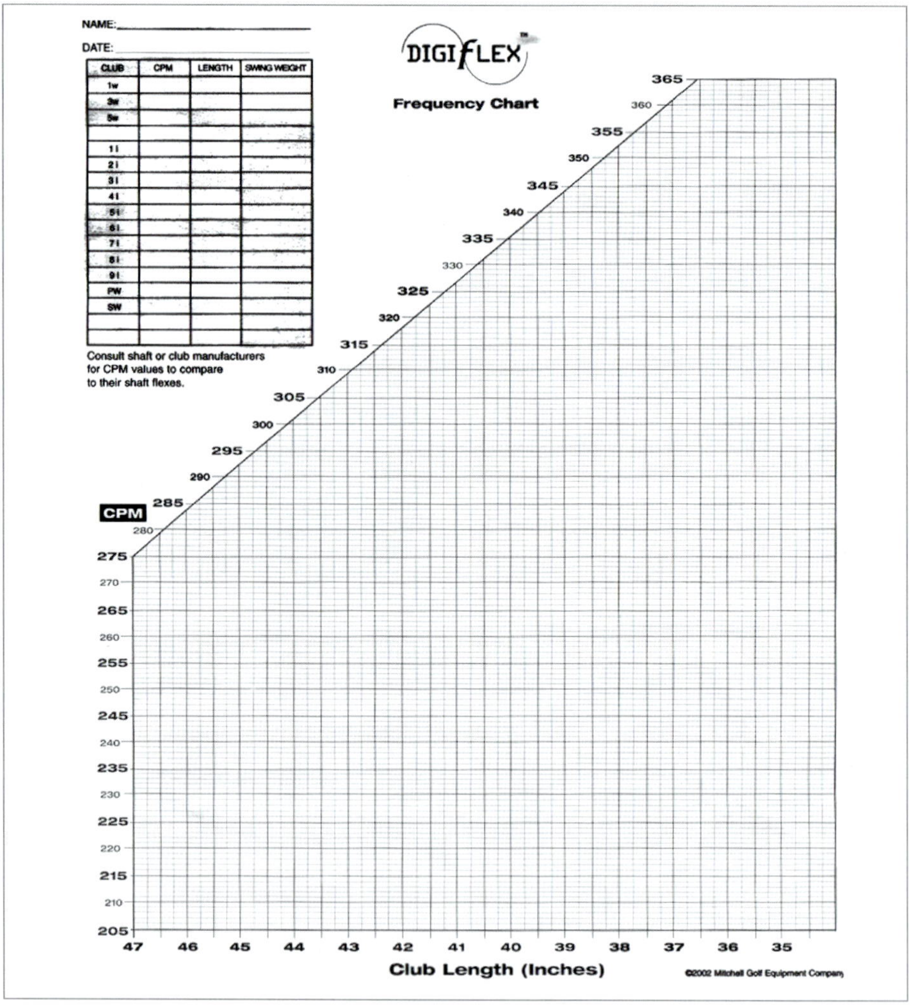

2-4 클럽 진동수를 기록하는 표

샤프트 강도를 측정하는 또 다른 방법이 클럽의 진동수를 분석하는 것이다 (그림 2-3). 이것은 샤프트가 분당 얼마 정도로 움직이는지를 분석하는 기계로서, 나오는 수치가 높으면 높을수록 강한 샤프트를 뜻한다. 예를 들면, 드라이버의 진동수가 265cpm(cycle per minute : 분당 회전 수)인 경우는 255cpm을 지닌 드라이버에 비해서 조금 강한 강도를 지녔다고 말할 수가 있다.

스윙을 하는 과정에서 샤프트가 회전을 하면서 뒤틀려지는 양을 측정하는 것으로 토크(torque)를 고려할 수가 있다. 이것은 진동수나 휘어지는 위치를 측정할 때, 토크를 시험하는 요소들은 항상 일정해야만 한다. 즉, 샤프트의 같은 광선의 길이로 측정이 되고 또한 같은 무게나 힘이 샤프트에 전달이 되어야만 한다. 회사에서 같은 샤프트를 생산한다고 할지라도 이 토크의 값에 따라서 강도가 달라질 수가 있다. 즉 낮은 값을 지닌 토크가 높은 값을 지닌 것보다 더 강하다는 것을 의미한다. 그러나 낮은 값을 지닌 토크가 반드시 높은 값을 지닌 토크의 샤프트보다 좋다는 것은 아님을 명심해야만 한다.

▍표 2-2 스윙 스피드와 거리와의 관계(반드시 일치하지는 않고 참고용으로 볼 것)

스윙 속도	5번아이언의 거리(야드)	드라이버의 거리(야드)
40	88	
45	100	
50	110	123
55	120	135
60	132	148
65	144	157
70	154	172
75	165	186
80	176	197
85	185	205
90	199	222
95		235
100		246
105		260
110		271

클럽 피터가 유념해야 할 사항

클럽 피터가 일반 골퍼들에게 샤프트를 교체해 주는 경우에 있어서 유념해야만 할 사항을 보면 다음을 들 수가 있다.

① 현재 고객이 가지고 있는 클럽의 웨이트와 강도를 측정해야만 한다.
② 골프 샤프트에는 표준이 없다는 것을 알아야만 한다. 예로서, 토크와 강도를 들 수 있다.
③ 가볍고 더 유연한 샤프트는 볼의 탄도와 로프트가 높음을 의미한다.
④ 템포와 스윙 길이와 더불어 스윙 속도를 반드시 측정해야만 한다.
⑤ 무거운 샤프트는 강한 강도를 의미한다.
⑥ 샤프트를 선택함에 있어서 항상 볼을 치도록 하여 피팅을 해야만 한다.

3

샤프트 교체

샤프트 교체 이전에 반드시 이행해야 할 사항은 클럽의 사양, 스윙 웨이트, 전체 웨이트와 그립 무게 등을 기록한 다음에 샤프트 교체 후에도 이같은 내용을 기록하여 이전과 이후를 반드시 비교 분석해야만 할 것이다.

3.1 샤프트 제거와 장착을 위한 준비물

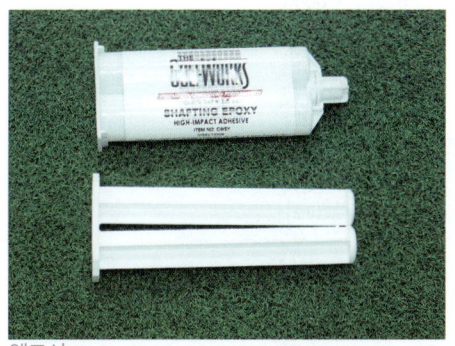
엑포시

샤프트 추출(shaft extractor) 장치

바이스

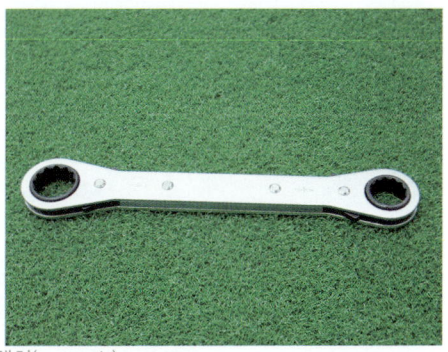
렌치(wrench)

솔

스틸 칼러(Steel Collar)

여러 종류의 크기 페루울(ferrule)

토치

플러그

히팅 건(heating gun)

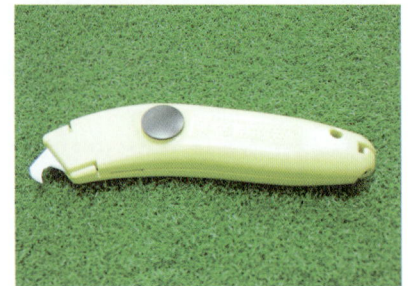
호젤제거 칼

3.2 샤프트 제거하는 절차

❶ 샤프트를 제거하고자 하는 클럽을 선택하여서 호젤을 제거한다. 이 때 클럽의 샤프트가 그라파이트인 경우는 히팅 건(샤프트를 원형으로 유지시키기 위함)을 이용하고 스틸인 경우는 토치를 이용한다.

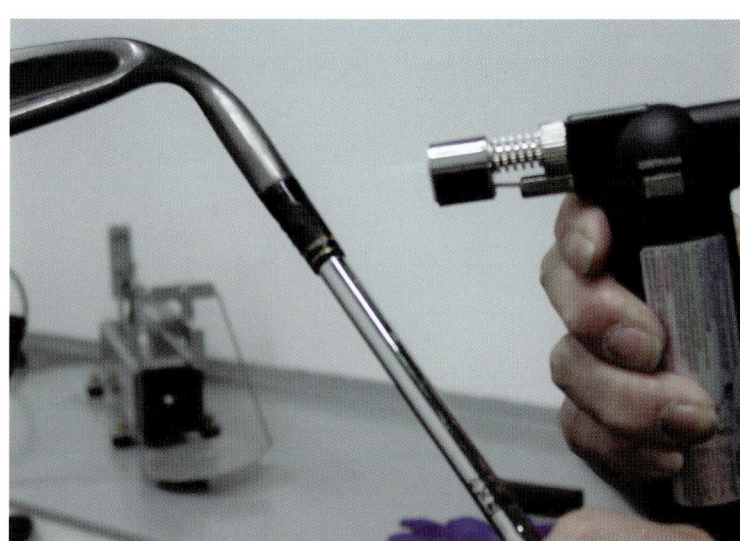

←샤프트가 스틸인 경우의 예제

↓샤프트가 그라파이트인 경우의 예제

❷ 헤드와 샤프트에 연결된 페루울(ferrule)을 제거한다.

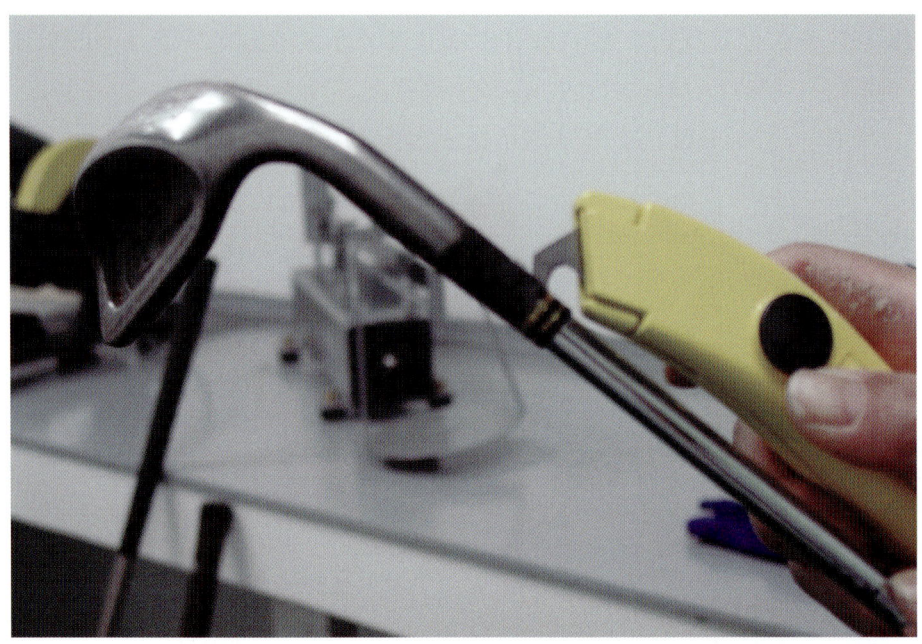

❸ 샤프트를 제거하기 위해서 바이스에 샤프트 추출 장치와 스틸 칼라를 장착시킨다.

❹ 제거하고자 하는 클럽을 장착한다. 이 때 클럽 헤드의 위치는 헤드가 하늘로 향하게 해서 장착한다.

❺ 샤프트가 스틸인 경우는 토치를 그라파이트는 히팅 건을 이용해서 호젤 부분에 열을 가해서 샤프트가 제거되도록 한다. 이 때 호젤의 앞뒤 좌우부분에 열을 골고루 가하도록 한다.

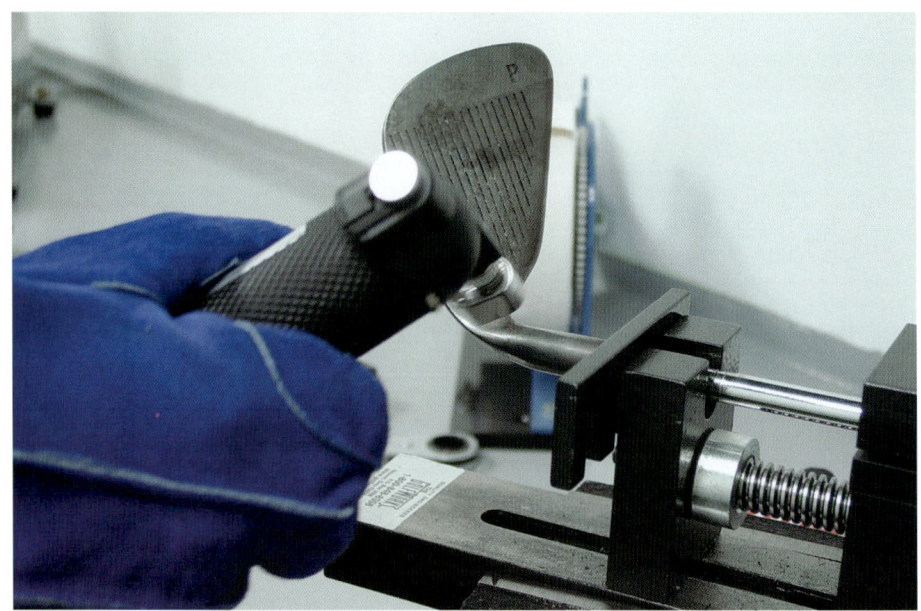

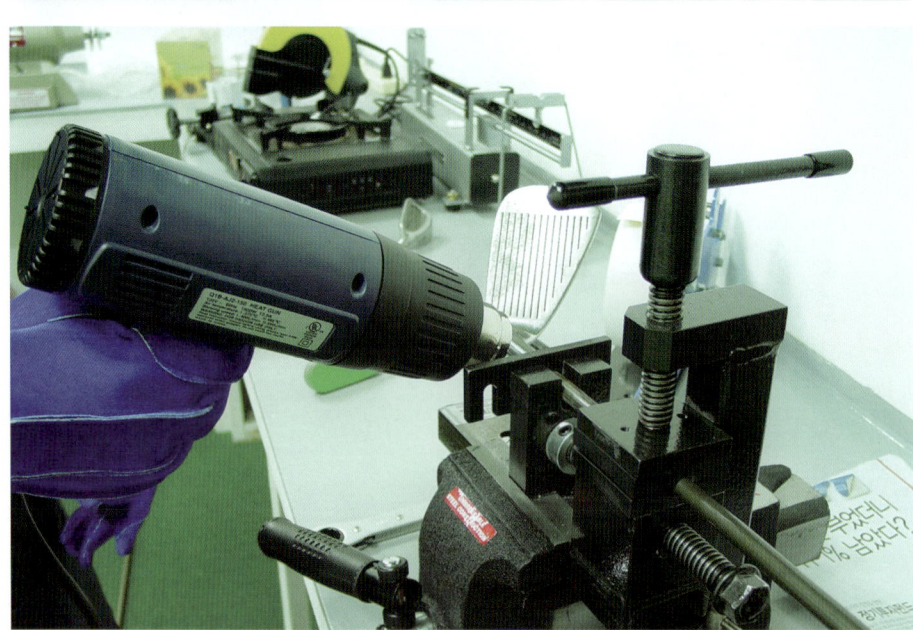

❻ 호젤에 열을 몇 분 정도 가한 후에 샤프트 추출 장치에 설치되어진 렌치를 돌려서 샤프트가 빠질 때까지 호젤에 열을 가하고 렌치를 반복적으로 돌려서 샤프트를 완전히 제거되도록 한다.

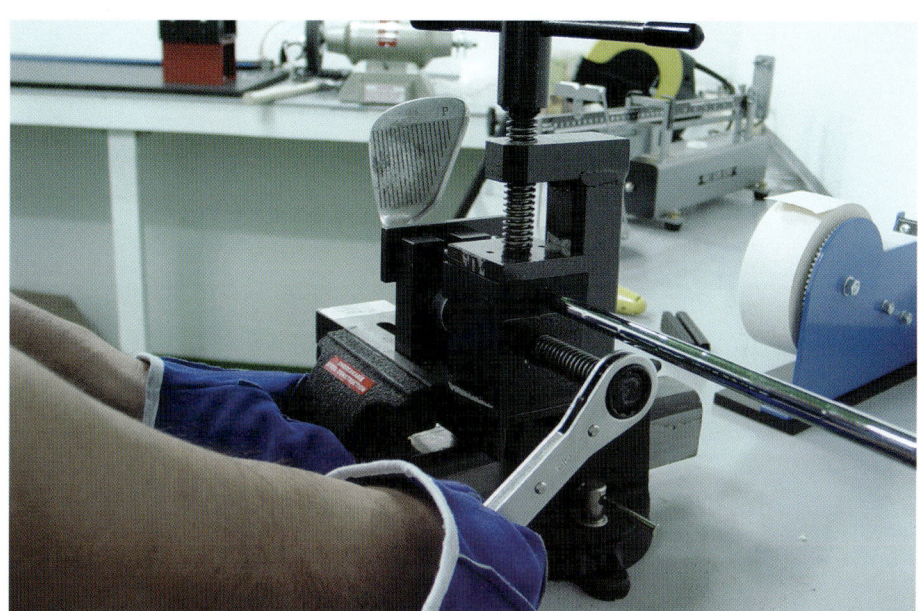

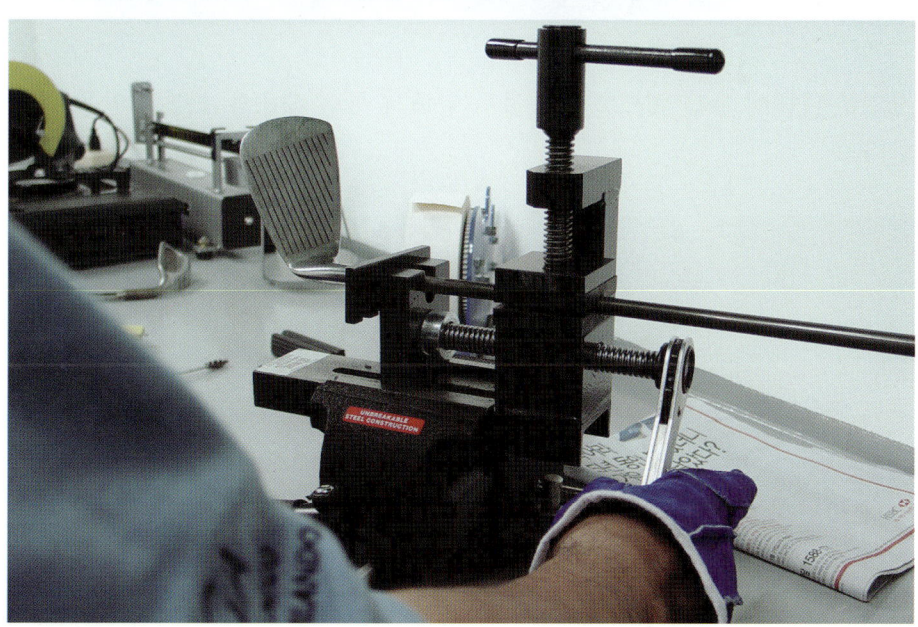

❼ 단계 ❻을 지속적으로 하면 최종적으로 헤드와 샤프트가 분리된다.

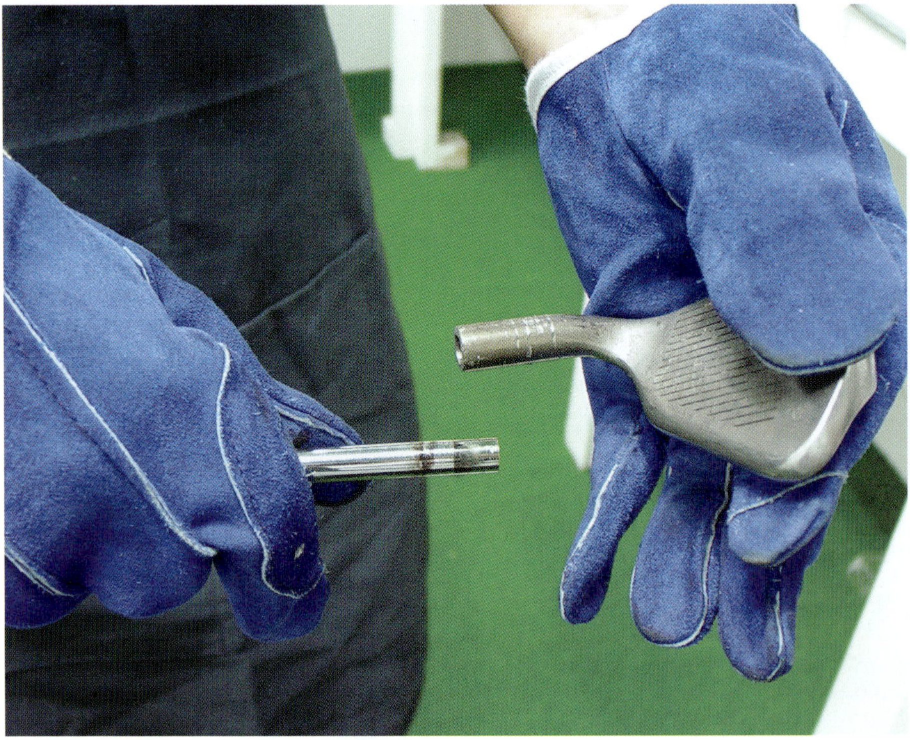

참고로 나중에 클럽 헤드를 사용하기 위해서 클럽 헤드와 호젤의 안을 청소한다.

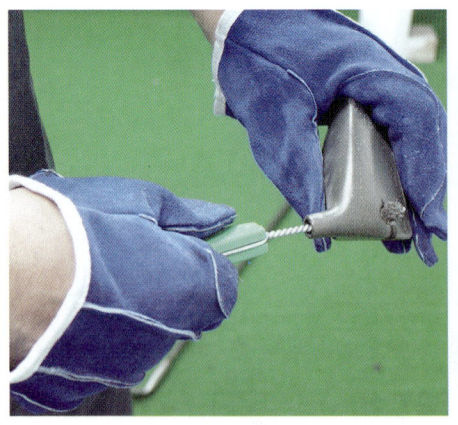 

3.3 샤프트 장착하기 절차

❶ 장착하고자 하는 클럽 헤드와 샤프트를 선택한다. 이 때 샤프트는 호젤의 크기와 일치되는가를 측정해야만 한다.

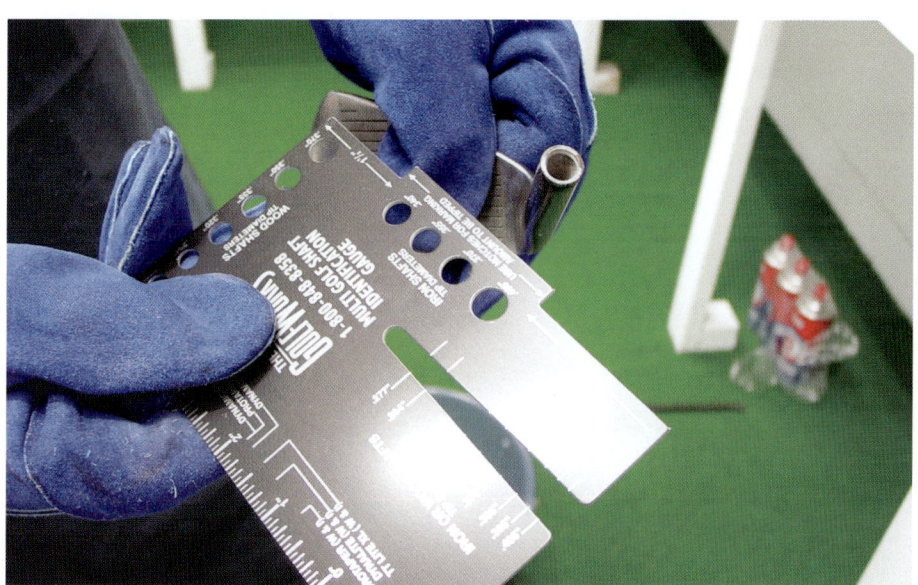

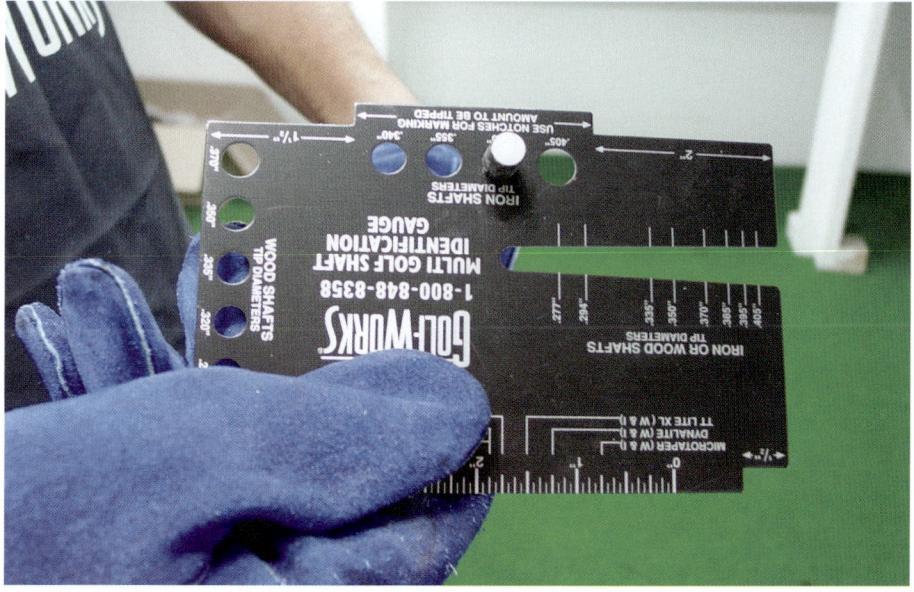

❷ 샤프트가 호젤에 삽입이 되어지는 부분 만큼의 길이를 측정하여서 그 길이에 해당되는 만큼 설정하여, 샌드 페이퍼로 그 길이 만큼의 샤프트를 갈아서 샤프트 삽입이 쉽게 되도록 한다.

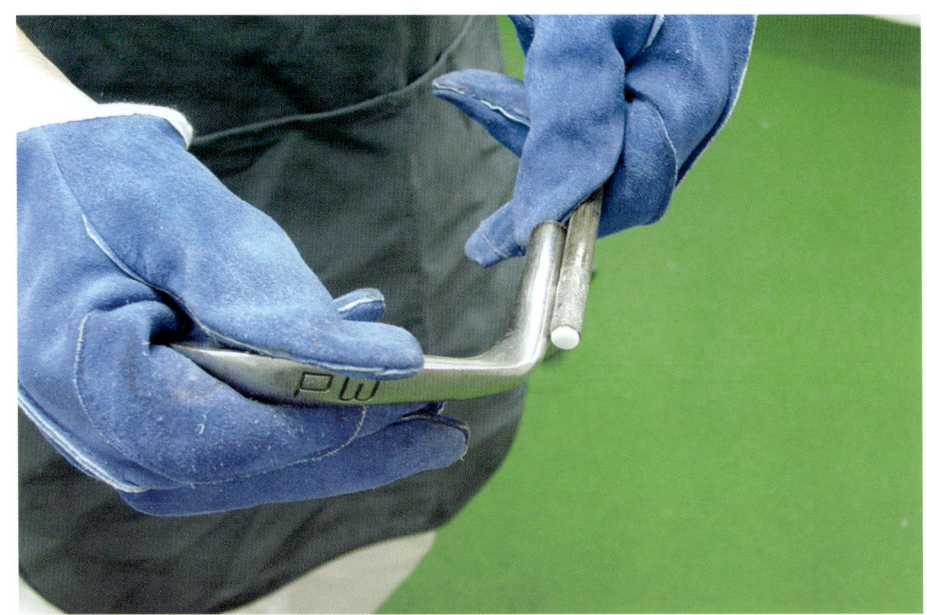

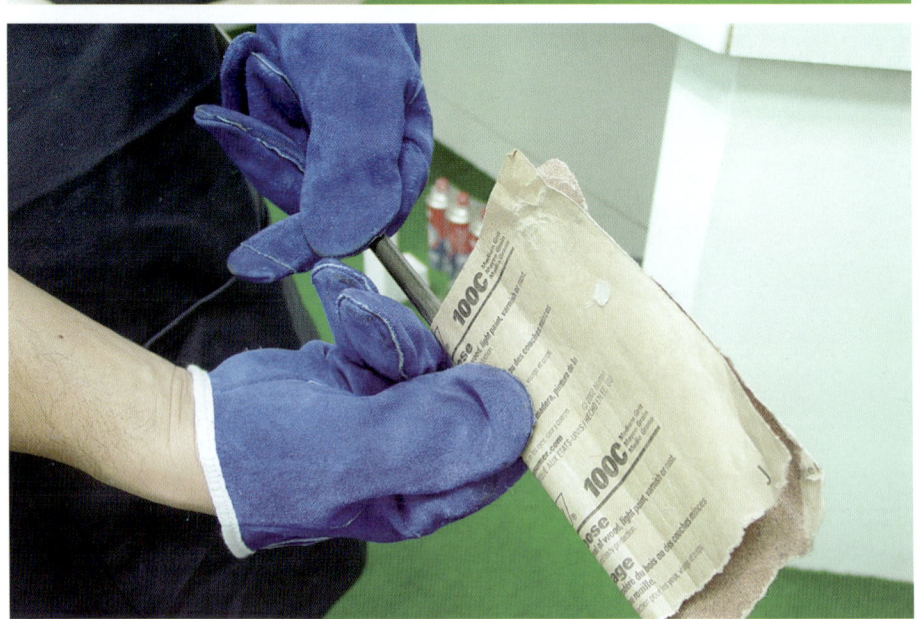

❸ 샤프트에 엑포시를 바르도록 하여 샤프트를 호젤에 장착할 때에 떨어지지 않도록 만든다.

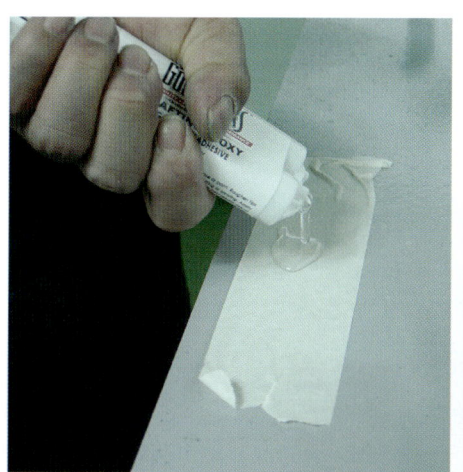

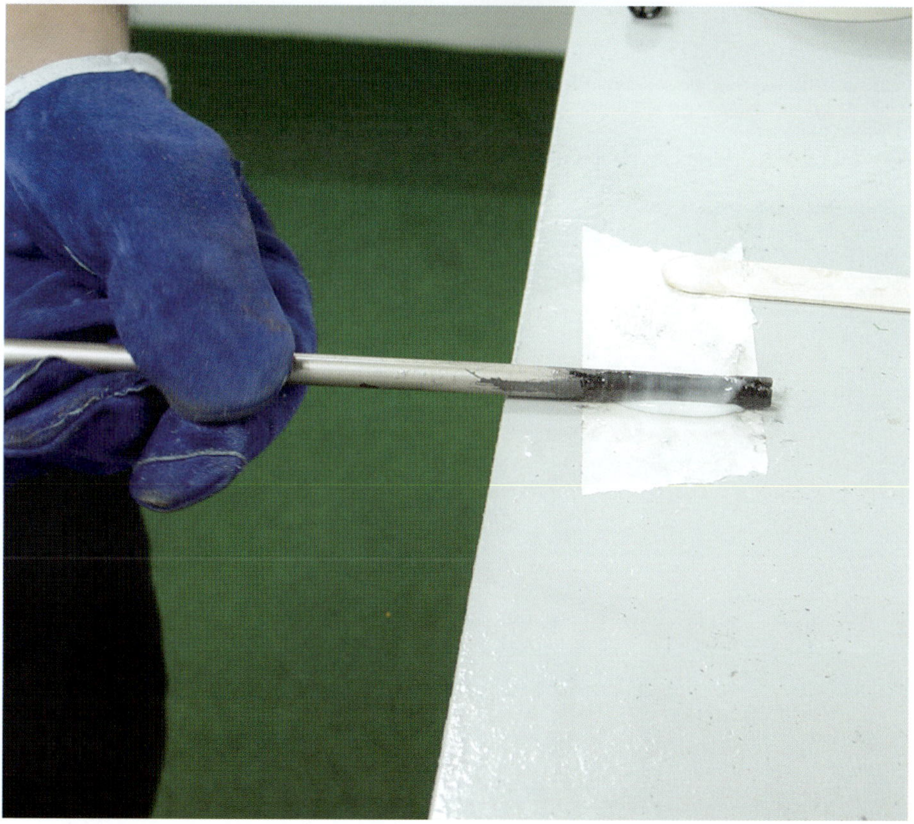

❹ 샤프트에 알맞은 페루울을 선택해서 먼저 끼운다.

❺ 그리고 샤프트를 호젤에 끼워서 샤프트를 장착한다.

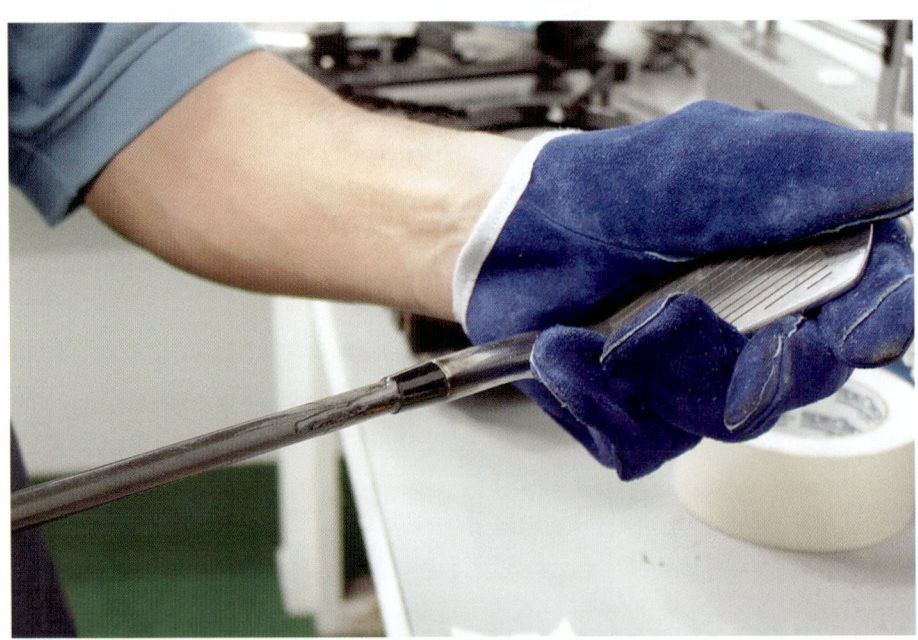

❻ 완성된 모습이다.

참고

다음과 같은 클럽 헤드 즉, 헤드에 샤프트를 삽입시키는 경우 샤프트가 헤드를 가로질러서 장착을 하는 경우를 보기로 하자. 여기서 샤프트를 삽입시키는 과정 중 샤프트 끝을 3-4등분으로 하여서 일정한 길이로 분리를 시킨 후에 엑포시를 이용해서 헤드에 삽입을 시키면 된다.

샤프트 끝을 등분시켜서 자르는 방법에서 첫째는 길이를 측정하여서 자르는 도구를 이용해서 자르면 된다.

그리고 다음은 엑포시를 이용해서 샤프트를 클럽 헤드에 장착한다.

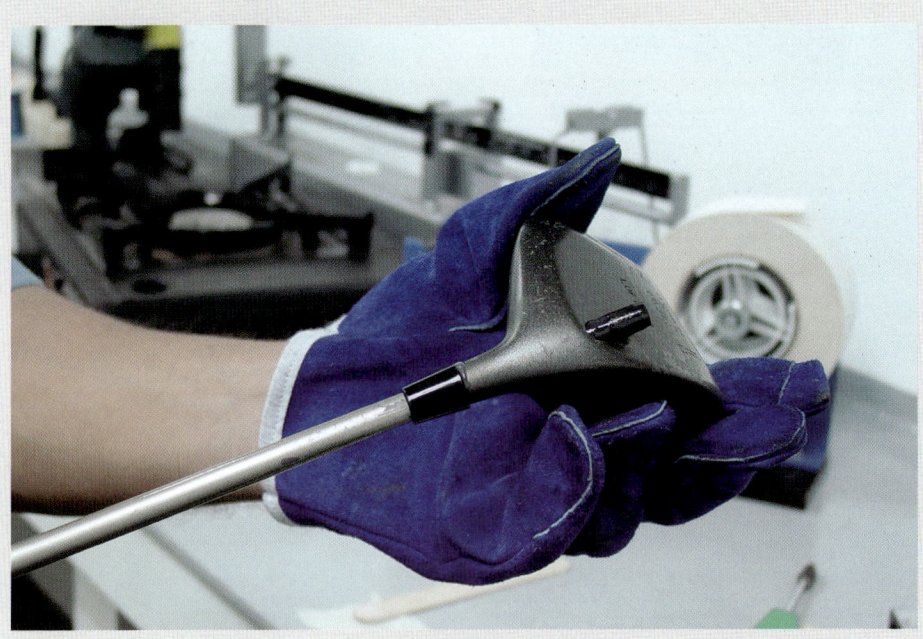

샤프트가 헤드에 완전히 붙어 있도록 하기 위해서 다음의 모습으로 된 것을 3-4등분으로 분리되어진 부분이 앞으로 나와있는 곳에 망치를 이용해서 삽입시킨다.

헤드 밖으로 나온 샤프트 부분을 휴대용 그라인더를 이용해서 잘라내면 된다.

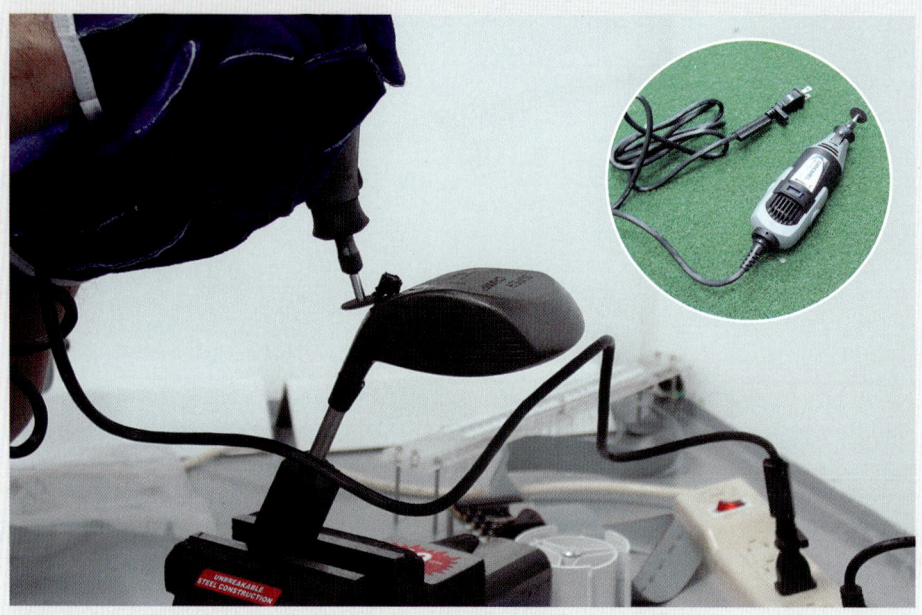

완성된 모습은 다음과 같다.

3.4 샤프트가 부서져서 호젤에 끼워져 있는 샤프트를 추출하는 방법

❶ 문제가 되는 모습

샤프트가 그라파이트인 경우에는 종이를 끼워서 샤프트와 종이를 태워서 쉽게 빼내게 된다.

❷ 샤프트를 제거한 다음 추출 드릴을 이용한다.

❸ 알맞은 크기의 드릴을 이용해서 샤프트에 빠지지 않도록 삽입을 시킨다. 이 때 클럽 헤드를 보호하기 위해서 스틸 헤드 보호대를 반드시 장착해야만 한다.

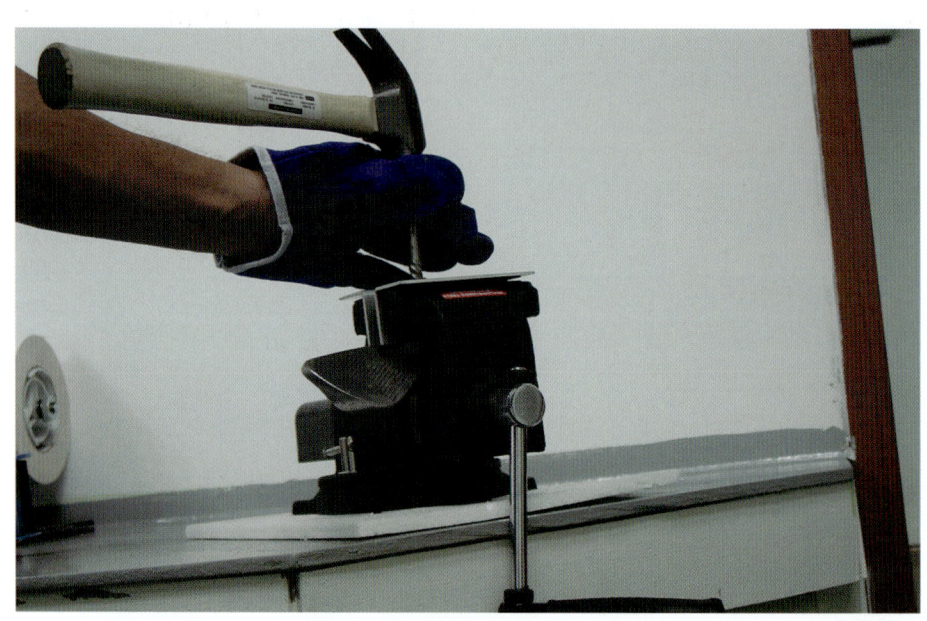

❹ 드릴이 장착된 곳에 샤프트를 빼내기 위한 도구를 장착해서 돌려주면 빠지게 된다.

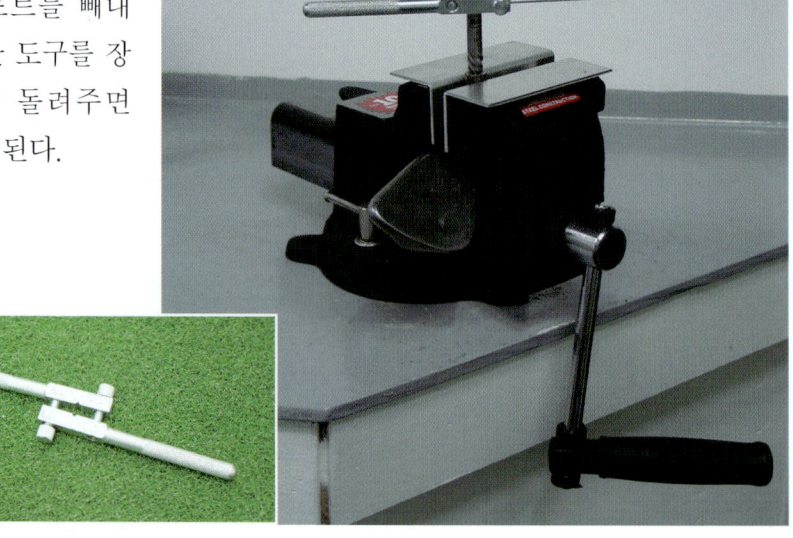

❺ 부서진 샤프트를 제거한 완전한 모습은 다음과 같다.

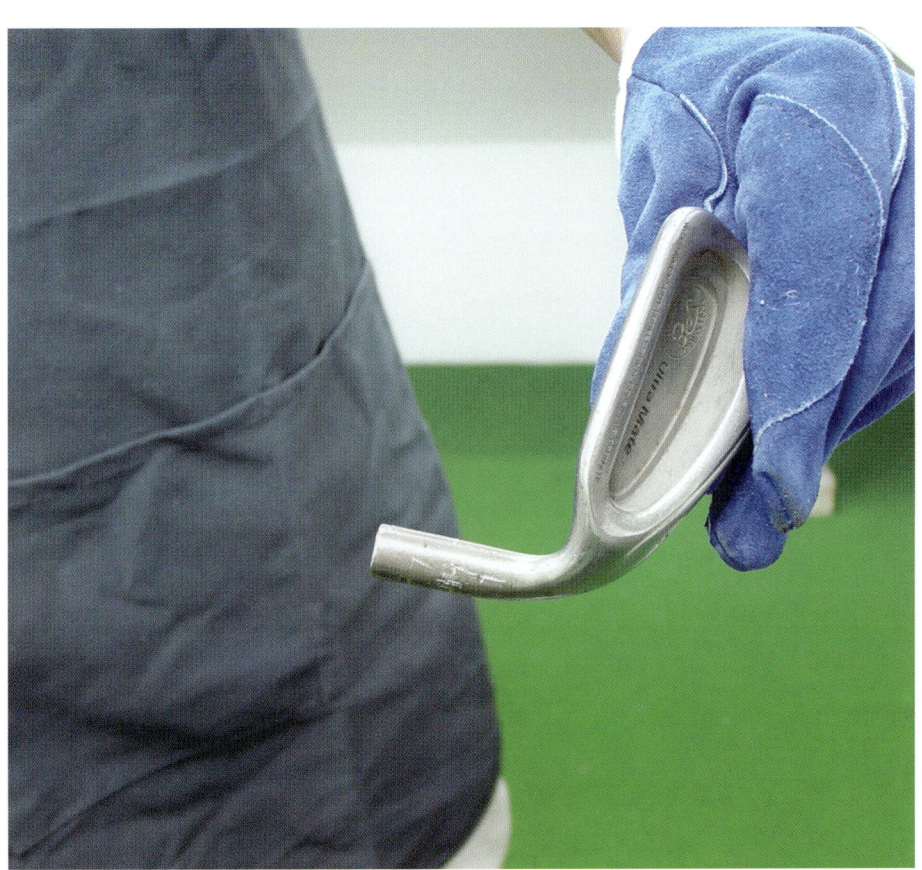

내 손으로 클럽 수선해 보기

제3장 클·럽·의·길·이·변·경

[1 기본 개념]

클럽 길이를 결정하는 주된 요소는 볼을 치는 순간에 정확하게 볼을 맞출 수 있도록 하는 것이다. 클럽 길이와 거리는 또한 직접적으로 관련이 있다. 대부분 잘못된 클럽 길이들은 골퍼로 하여금 골프 스윙을 하는데 있어서 불필요한 자세를 유발한다. 즉, 클럽의 길이가 너무 짧거나 긴 경우에는 균형을 잡거나 볼을 정확하게 치는데 있어서 상당한 어려움이 있다. 클럽 길이에 관련된 스윙 문제들을 보면 다음과 같다.

(1) 클럽의 길이가 짧은 경우

골퍼들은 왼손으로 그립을 잡을 경우에 있어서 그립의 제일 끝부분(버트 엔드(Butt-end)라고 함)을 잡으려고 하게 된다. 이것은 길이를 본인에게 맞추도록 하는 노력일 것이다. 그러므로 골프 장갑에서 보면 손바닥 부분 중의 제일 끝 부분이 많이 닳게 된다. 또한 스윙의 과정에서 균형을 유지하기가 어렵다.

(2) 클럽의 길이가 긴 경우

골퍼로 하여금 스윙을 하는 과정에서 균형을 유지하는데 상당한 어려움이 있게 된다. 그러므로 방향성을 유지하기 어렵고, 많은 잘못된 샷들을 경험하게 될 것이다. 또한 그립을 잡는데 있어서 계속적으로 그립의 아래로 내려 잡는 경향(이것을 우리는 초킹(choking)이라고 함)이 일어난다.

현재 여러분들이 지닌 생각 중에서 고쳐야 할 부분은 다음과 같다. 키가 큰 골퍼는 무조건 긴 길이의 클럽을, 키가 작은 골퍼에게는 짧은 길이의 클럽이라는 생각은 잘못된 것이다. 이런 생각은 심리적으로 작용을 하는 것이지, 실제적으로 볼을 치는 것과는 그리 큰 영향이 없다는 것이다. 특히 유념을 해야할 사실은 키의 크고 작음이 아니라 어드레스를 취했을 때의 자세로 클럽의 길이가 결정된다는 것을 명심해야 할 것이다.

모든 경우는 아니지만, 클럽의 길이는 골퍼들이 어드레스 자세를 취했을 때 편안함과 자신감을 가지는 느낌에 의해서 결정된다. 그래야만 임팩트시에 볼을 정확하게 중앙에 맞출 수가 있을 것이다.

클럽의 길이를 변경시켰을 때의 변화가 되는 부분을 보면 다음과 같다.

① 라이의 경우
일반적으로 긴 클럽은 라이가 표준에서 더 플랫(flat)하고 짧은 클럽은 더 업라이트(upright)하게 될 것이다.

② 샤프트 강도 경우
길이가 길어짐으로써 샤프트의 강도는 약해지고 반면에 짧은 길이의 클럽의 경우는 샤프트의 강도가 더 강해질 것이다.

③ 클럽 웨이트와 스윙 웨이트의 경우
샤프트 길이의 ± 1/2인치 변화는
    전체 웨이트에 ± 2그램
    스윙 웨이트에 ± 3포인트
    라이 각에는   1도
영향을 준다. 다음 예를 통해서 보기로 하자.

현재 사양	9번 아이언	변경 후의 사양
길이	35 1/2인치	36인치
전체 웨이트	16 1/2 oz.	16 11/16 oz.
스윙 웨이트	D2	D5
샤프트 강도	Regular	Regular(조금 더 부드러운 느낌을 가짐)
라이 각	62도	61도

④ **차이점 비교**

　길이 : + 1/2 인치 증가
　전체 웨이트 : +3/16 oz 증가
　스윙 웨이트 : + 3 포인트 증가
　샤프트 강도 : 조금 부드러워짐
　라이 각 : 1도 업라이트 되어졌다.

또한 클럽 피터로서는 스윙 웨이트보다는 전체 웨이트에 더 관심을 가져야만 할 것이다.

3-1 클럽 피팅 자

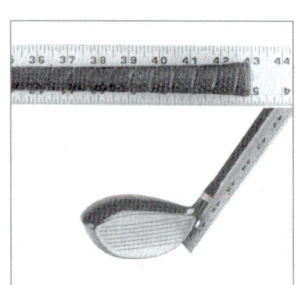

3-2 클럽 길이

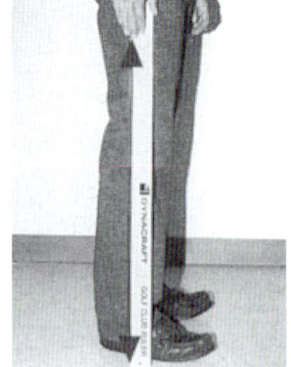

3-3 고정시킨 길이를 선정하는 경우

그러면 최적의 길이를 선정하는 기준은 무엇인가에 대해서 알아보도록 하자. 그림 3-3에서와 같이 사람이 차렷 자세를 취한 뒤에 바닥에서 손가락 끝에 이르는 길이를 택하는 경우와 바닥에서 손목이 있는 부위까지의 길이를 클럽의 길이로 취급하고 있다. 그러나 정확한 길이를 측정하기 위해서는 이런 고정적인 방법보다는 실제로 자세를 취하고 나서 볼을 치므로 클럽 페이스에 생기는 결과를 가지고 길이를 측정하는 것이 가장 이상적이라고 생각을 한다. 즉, 클럽 페이스에 가로와 세로로 표시된 무늬 모양의 종이 테이프(우리는 이것을 디칼(decals)이라 부름)를 붙여서 볼을 치는 경우에 클럽 페이스의 어느 지점과 접촉이 되는지를 파악해서 길이를 조절하는 것이 가장 이상적이다. 즉 이 경우에서는 클럽 페이스의 정 중앙에 볼과 접촉된 표시가 되는 것이 제일 좋다(그림 3-4). 클럽 페이스의 정 중앙이 아닌 다른 면과 접촉이 되는 경우에는 로프트와 라이를 다루는 장에 있는 수선 방법을 참조하여서 수정을 하면 되게 된다.

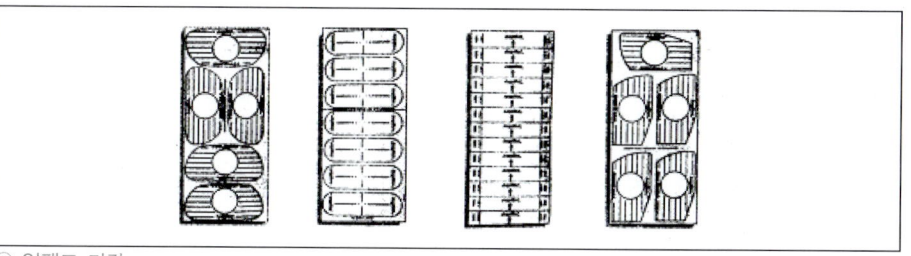

ⓐ 임팩트 디칼

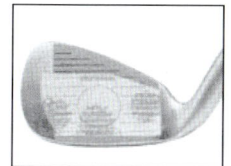 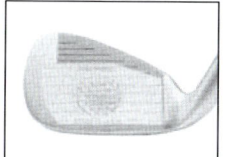 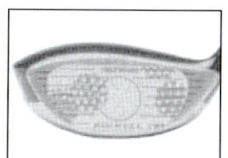 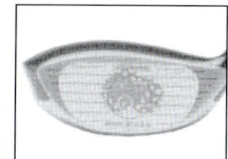

ⓑ 클럽 페이스에 접촉된 면

3-4 임팩트 디칼

클럽 피터가 유념해야 할 사항

클럽 피터가 일반 골퍼들에게 클럽의 길이를 교체해 주는 경우에 있어서 유념해야만 할 사항을 보면 다음과 같다.
① 길이를 체크하는 경우에 반드시 볼을 치도록 하여야 한다.
② 길이의 변화로 인해서 라이 각에 영향을 줌을 알아야만 한다.
③ 샤프트의 길이가 길어짐으로써 강도는 더 약하게 됨을 알아야 한다.
④ 샤프트가 길어지면 임팩트 시에 라이 각이 더 플랫(flattening)하게 된다.
⑤ 긴 샤프트는 거리를 더 증가시키지만, 정확도와 일관성에서 문제를 야기시키기도 한다.
⑥ 키가 큰 골퍼에는 긴 클럽을, 키가 작은 골퍼에게는 짧은 클럽이라는 관념을 버려야만 한다.
⑦ 제조회사마다 샤프트 길이가 각각 다름을 알아야 한다.

[3 클럽 길이 변경]

클럽 길이 변경 이전에 반드시 이행해야 할 사항은 클럽의 사양, 스윙 웨이트, 전체 웨이트와 그립 무게 등을 기록한 다음에 클럽 길이 변경 후에도 이 같은 내용을 기록하여 이전과 이후를 반드시 비교 분석을 해야만 할 것이다.

가장 중요한 요점

샤프트 길이의 ± 1/2인치 변화는
    전체 웨이트에 ± 2그램
    스윙 웨이트에 ± 3포인트
    라이 각에는 1도
를 고려해야만 한다.

3.1 클럽 길이 증감을 위한 준비물

샤프트를 자르는 도구

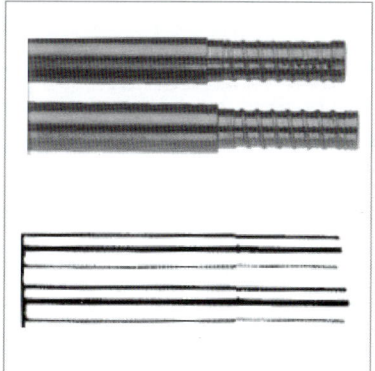

샤프트 확장을 위한 재질(그라파이트와 스틸 재질)

길이를 측정하는 48인치 자

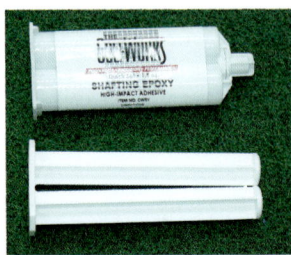
엑포시

일회용 막대기

샌드 페이퍼

3.2 길이를 증가시키는 절차

❶ 1장에서 살펴 본 것과 같이 그립을 제거시킨다.

❷ 샤프트의 길이를 증가시키는 방법으로는
이전에 못쓰고 버려진 동일한 재질의 샤프트를 이용하는 경우와

샤프트를 확장시키기 위해서 시중에서 파는 샤프트 확장용 재질을 이용하는 경우가 있다.

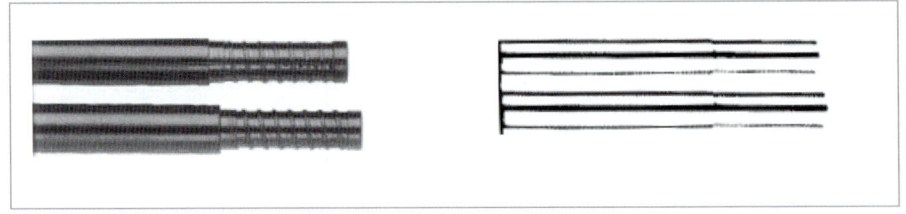

이 때 최대 3인치 이내로 학장하여야만 할 것이다. 어느 것을 이용하든시 증가시키고자 하는 길이보다 조금 길게 잘라서 기존의 샤프트 버트에 새로이 추가하고자 하는 부분이 들어가도록 앞 부분의 크기를 샌드 페이퍼나 그라인더를 이용해서 크기를 조절한다.

❸ 엑포시에 의해서 연결되어 확장 길이의 샤프트가 완전히 굳은 다음 클럽의 길이를 증가시키고자 하는 부분만큼을 선택해서 긴 부분은 잘라 내어야만 한다.

ⓐ 엑포시를 만드는 방법

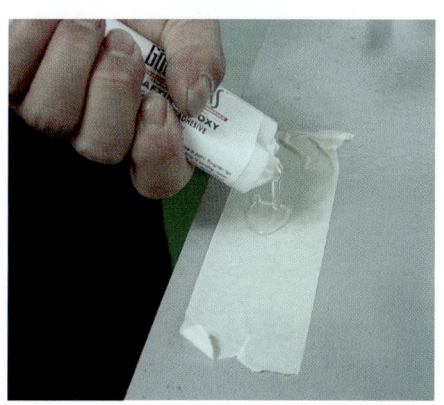 

ⓑ 엑포시에 의해서 확장길이를 연결

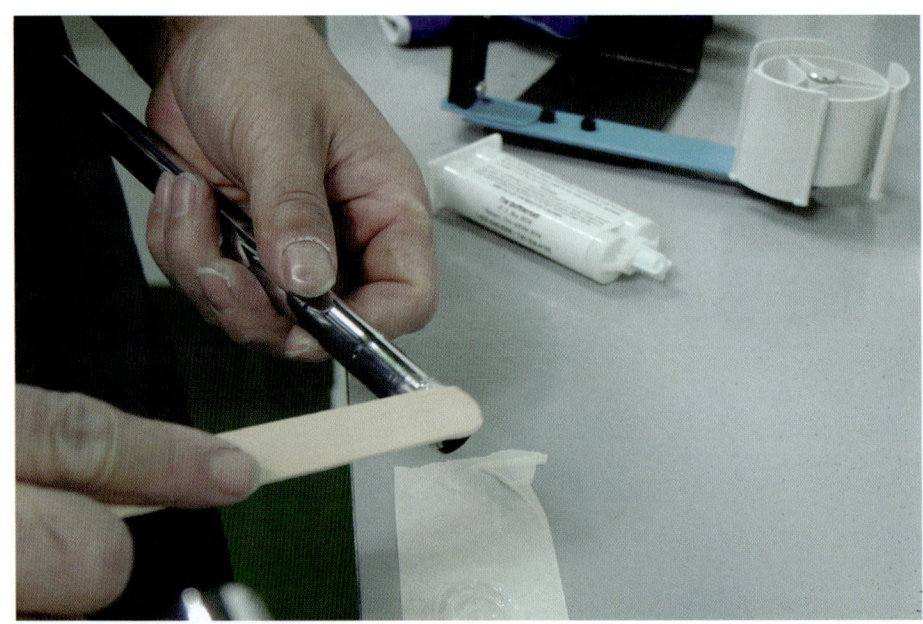

❹ 자를 이용해서 샤프트의 길이를 만들고 긴 부분은 잘라내면 된다.

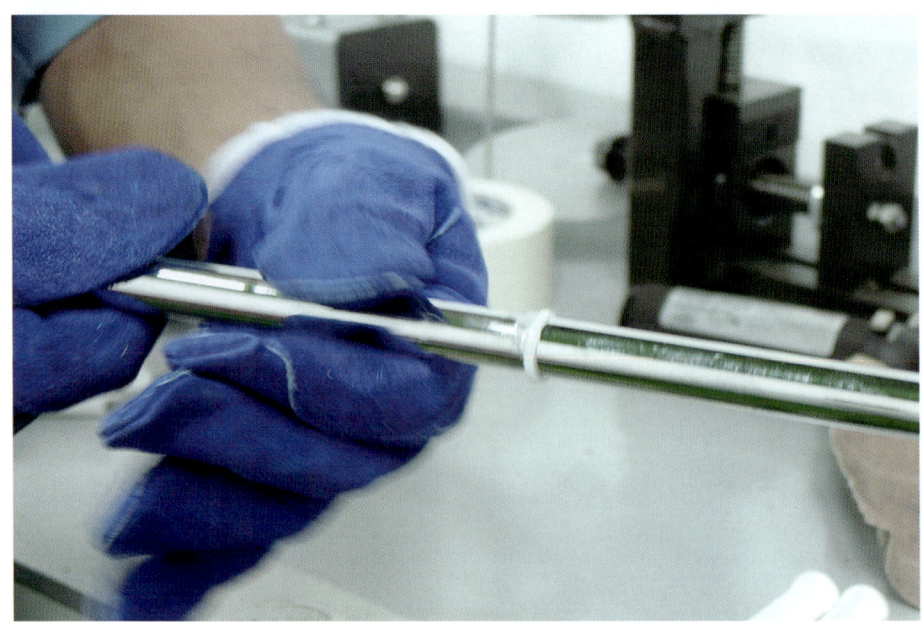

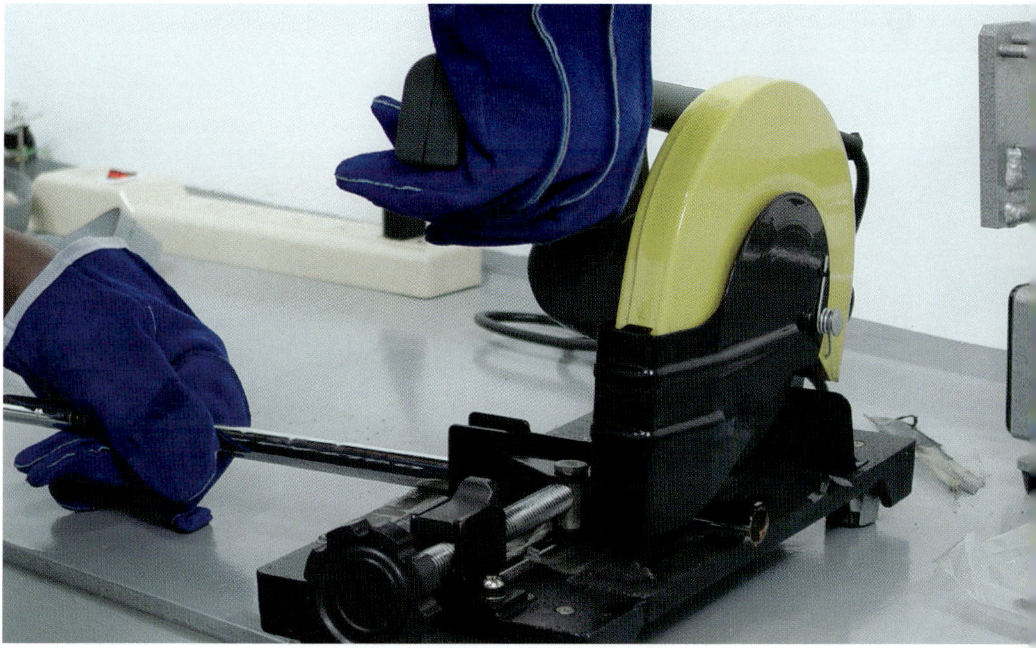

❺ 마지막으로 그립을 장착하면 된다.

3.3 클럽의 길이 감소

❶ 1장에서 살펴 본 것과 같이 그립을 제거시킨다.

❷ 감소시키고자 하는 길이를 자를 이용해서 샤프트에 체크를 한다.

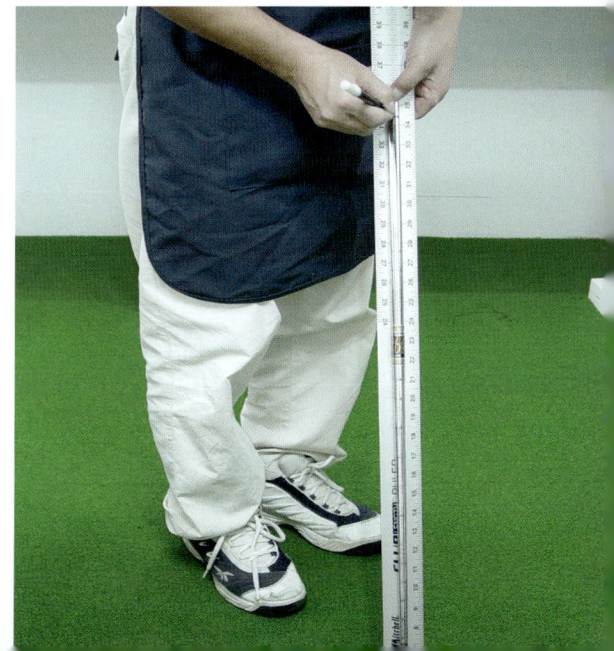

❸ 샤프트를 자르는 기계를 이용해서 해당되는 길이를 자른다.

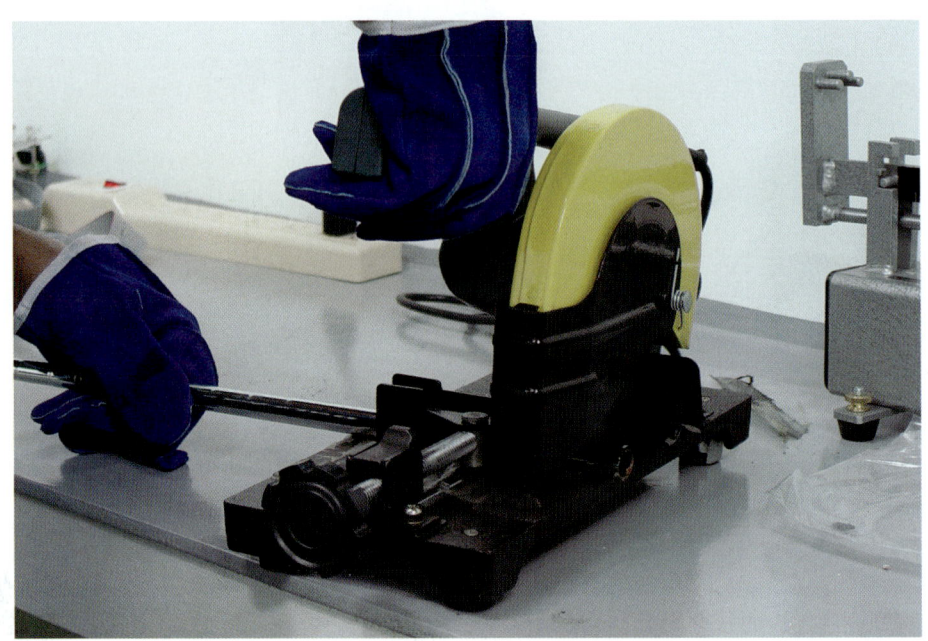

❹ 그립을 장착한다.

내 손으로 **클럽 수선**해 보기

제4장 골·프·클·럽·수·선

1 로프트의 기본 개념

로프트(loft)란 클럽 페이스와 땅 바닥 사이에서 형성된 각을 의미한다(그림 4-1, [출처 : Jeff, 2001]). 골프 클럽에서 최적의 로프트를 유지하는 것이 볼의 탄도와 방향을 최고로 만들어주게 된다.

그러나 로프트가 크면 볼의 탄도는 높게 되고 로프트가 낮으면 볼의 탄도는 낮게 된다. 드라이버에서의 로프트를 어느 정도 높은 것을 이용하면, 체중의 이동에 수반되는 균형을 잘 유지함을 물론이고 거리도 늘어나게 된다. 또한 너무 작은 로프트는 스윙을 최고로 나쁘게 만드는 한 요인이 되기도 한다([출처 : Jeff, 2001]).

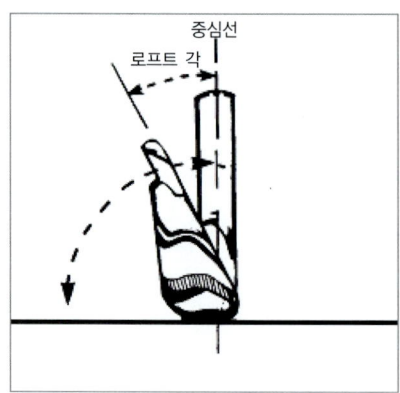

4-1 로프트의 정의

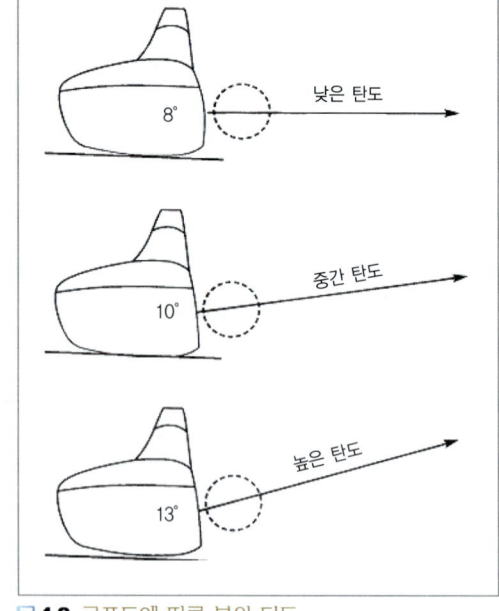

4-2 로프트에 따른 볼의 탄도

볼의 탄도와 땅 바닥 사이에 형성된 각 혹은 클럽이 볼에 도달되는 각은 다음 요소들에 의해서 결정된다([출처 : Henry, 2001]).

① 로프트 각
② 라이 각
③ 페이스 각(클럽 경로와 관련됨)
④ 임팩트시 클럽의 각
⑤ 클럽 헤드가 볼에 전달되는 무게 중심
⑥ 볼이 날아간 후의 구름 정도(우드의 경우)
⑦ 클럽 헤드 속도
⑧ 샤프트 강도와 휘어지는 점
⑨ 전체 웨이트와 스윙 웨이트
⑩ 길이

다음은 부적절한 로프트를 사용함으로써 야기되는 스윙상의 문제들을 보기로 하자([출처 : Henry, 2001]).

① 스윙 경로를 과장하게 만든다.
② 머리를 스윙하는 동안에 뒤쪽, 즉 오른쪽에 너무 오랫동안 유지시키는 경향이 있다.
③ 어드레스시 체중 분배를 함에 있어서 오른쪽 발에 더 많이 존재하는 경향이 있다.
④ 뒷 땅을 치는 확률이 높아지므로 볼이 뜨기만 한다.
⑤ 임팩트시에 체중이 앞으로 가지 못하고 오른쪽에 계속 남게 되므로 리버스 피빗(reverse pivot) 현상이 발생한다.
⑥ 약한 그립과 클럽 페이스가 열려지는 현상이 명백하게 일어난다.
⑦ 골퍼로 하여금 클럽 헤드가 무거운 것을 선택하고 티에서 3번 우드나 7번 우드를 사용하는 경향이 있게 된다.
⑧ 볼을 높게 티 업을 하고 업 스윙이 되는 형태로 스윙을 한다.

⑨ 드라이버로 볼을 치는 경우에 드라이버의 윗부분에 볼과 접촉되는 표시가 나타난다.
⑩ 너무 낮은 로프트 각을 사용하는 경우에는 볼의 탄도가 낮고, 오른쪽으로 가는 경향이 많고, 반면에 너무 큰 로프트 각을 이용하는 경우는 볼의 탄도가 높고 왼쪽으로 가게 된다.

로프트 각이 너무 큰 경우를 해결하는 스윙문제들에 대해서 보기로 하자([출처 : Henry, 2001]).

① 어드레스시에 체중의 분배를 앞쪽인 왼발에 두면 된다.
② 볼의 위치는 더 뒤쪽 발, 즉 오른쪽 발에 두도록 한다.
③ 클럽 페이스가 열려있는 클럽을 사용하면 된다.
④ 무게 중심이 높게 된 클럽을 이용하거나, 낮은 로프트를 가진 클럽 즉, 1번 아이언같은 것을 이용하면 된다.

플레이어가 스윙을 함에 있어 균형을 유지하면서 볼의 탄도가 높은 경우에는 [출처 : Henry, 2001]

① 로프트를 감소시키도록 할 것
② 강한 샤프트로 사용할 것
③ 클럽의 길이를 체크할 것(볼을 클럽 페이스 중앙에 맞추도록 하기 위함)
④ 클럽의 라이 각을 체크할 것
⑤ 클럽 헤드 설계를 체크할 것
⑥ 휘어지는 점이 위에 있는 샤프트를 사용할 것

플레이어가 스윙을 함에 있어 균형을 유지하면서 볼의 탄도가 낮은 경우에는 [출처 : Henry, 2001]

① 로프트를 증가시킬 것

② 샤프트 강도가 더 약한 것을 사용할 것
③ 휘어지는 점이 아래에 있는 샤프트를 사용할 것
④ 클럽의 길이를 체크할 것(볼을 클럽 페이스 중앙에 맞추도록 하기 위함)
⑤ 클럽의 라이 각을 체크할 것
⑥ 클럽 헤드 설계를 체크할 것

라이의 기본 개념

골프 클럽의 라이(lie)란 샤프트의 가운데 선과 정상적으로 스탠스를 취하여 클럽을 땅 바닥에 놓았을 때 이루는 선과의 사이에 존재하는 각도를 의미한다(그림 4-3, [출처 : Henry, 2001]). 골프 클럽의 라이가 바로 방향을 결정하는 주된 요소이다. 특히 중간이나 짧은 클럽에서 효력이 크다.

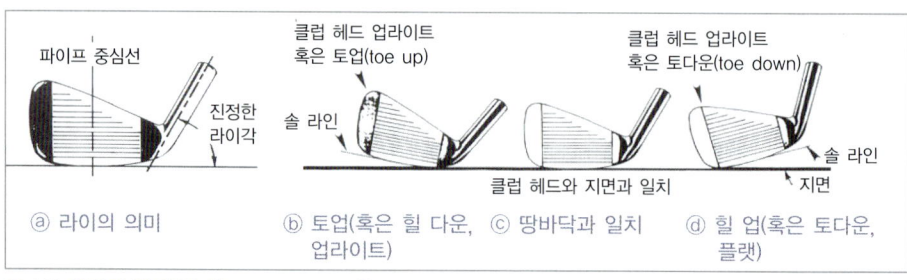

▲ 4-3 라이의 정의([출처 : Henry2001])

클럽의 라이가 너무 플랫(flat)한 경우에는 볼이 목표 방향보다 오른쪽으로 향하고 반면에 너무 업라이트(upright)한 경우 볼이 목표 방향보다 왼쪽으로 향하게 된다. 그 이유로는 클럽 페이스와 볼을 목표 방향과 일치되게 놓았더라도 임팩트시에 페이스의 방향이 약간 오른쪽으로 기울어지게 되어서(플랫인 경우) 혹은 약간 왼쪽으로 기울어지게 되면(업라이트인 경우) 볼의 방향이 오른쪽 혹은 왼쪽으로 향하게 된다(그림 4-4, [출처 : Ralph, 2001]). 또한 자석을 이용한 라이 각 연장을 이용해서 보면 이해가 용이하다.(그림 4-5, [출처 : Ralph, 2001])

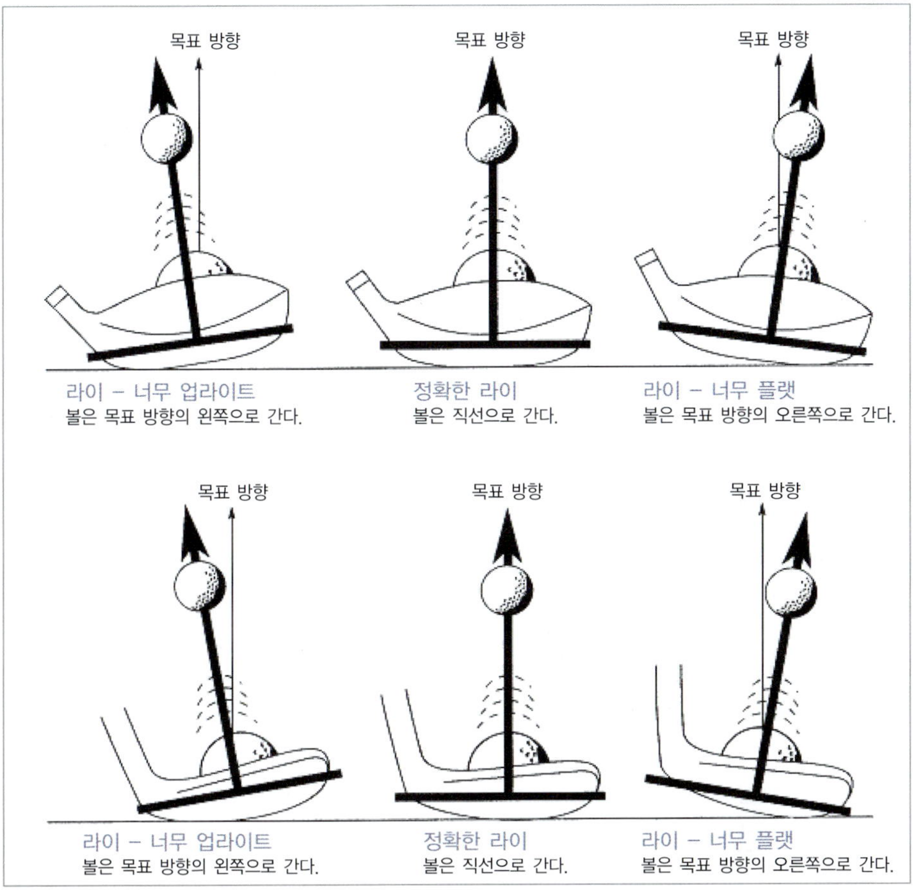

목표 방향
목표 방향
목표 방향
라이 – 너무 업라이트
볼은 목표 방향의 왼쪽으로 간다.
정확한 라이
볼은 직선으로 간다.
라이 – 너무 플랫
볼은 목표 방향의 오른쪽으로 간다.
목표 방향
목표 방향
목표 방향
라이 – 너무 업라이트
볼은 목표 방향의 왼쪽으로 간다.
정확한 라이
볼은 직선으로 간다.
라이 – 너무 플랫
볼은 목표 방향의 오른쪽으로 간다.

4-4 라이 각에 따른 방향

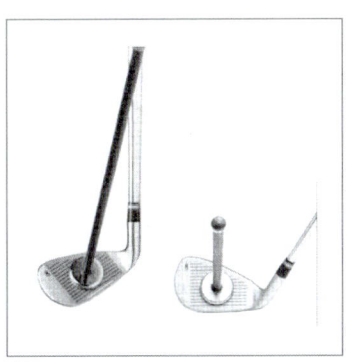

4-5 자석 라이 각 연장

ⓐ 라이 보드

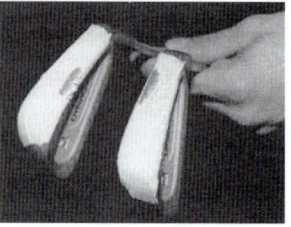
ⓑ 라이 테이프

4-6 라이 보드와 라이 테이프 [출처 : Jeff, 2001]

그러면 라이 각에 따른 변경을 어떻게 할 것인가를 알아 보기로 하자. 클럽 솔 (sole) 부분에 라이를 체크하기 위한 테이프(우리는 이것을 마스킹 테이프 (masking tape)라 부름, 혹은 마스킹 테이프가 없는 경우에는 시중에서 구입할 수 있는 전기용 검정색 테이프를 대용하면 된다)를 붙인 후에 라이 보드(그림 4-6, [출처 : Jeff, 2001])를 통해서 실제로 볼을 치고 나면 클럽의 솔 부분에 생긴 자국을 이용해서 라이 각의 적절성 여부를 결정하게 된다. 즉, 지금 사용하고 있는 클럽이 플랫한지 업라이트인지 혹은 정확한 라이를 가지고 있는지 여부를 결정하게 될 것이다.

결정하는 여부는 테이프에 자국이 생긴 부분이 클럽의 토우쪽인 경우에는 플랫이고, 힐 쪽으로 생긴 경우에는 업라이트로 보면 된다. 그리고 라이 각의 조절은 클럽 솔의 중앙을 기준으로 해서 1/4인치 플랫이거나, 업라이트인 경우에는 라이 각을 1도씩 조절하는 것이 필요하다. 아이언의 라이 각 조절의 최대는 ±2도로 하는 것이 좋다([출처 : Henry, 2001]).

라이 보드에 라이 표시에 따른 볼의 탄도를 보면 다음과 같다. 즉 클럽 솔은 다음과 같이 크게 3개의 부분으로 구분을 할 수가 있다.

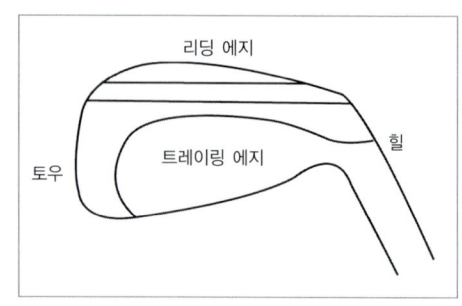

즉, 가운데 부분은 정확한 볼의 탄도를 가지고 있고, 솔의 앞 부분인 리딩 에지(leading edge) 부분은 볼의 탄도가 낮은 것을 의미하고, 마지막 부분인 솔의 뒤 부분 트레이링 에지(trailing edge)는 볼의 탄도가 높게 나오는 것을 의미한다. 그리고 이것을 클럽의 토우에서 힐 쪽으로 다시 3개의 부분으로 구별할 수가 있다. 즉, 클럽의 가운데에 해당되는 부분은 정확한 탄도의 의미를 지니고, 클럽의 토우 쪽으로는 볼의 탄도가 오른쪽에 해당되고, 클럽의 힐 쪽으로 표시가 생기면 볼의 탄도가 왼쪽으로 향하게 됨을 의미한다.

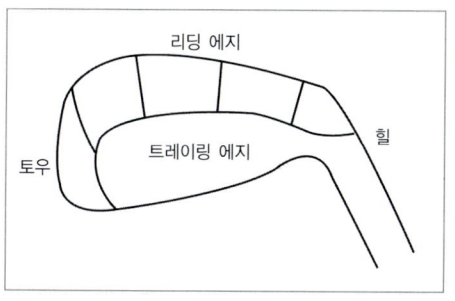

이상과 같이 솔의 리딩 에지에서 트레이링 에지로 와 클럽의 토우에서 솔에 이르는 것을 보면 9개의 조합으로 구성을 할 수가 있다. 즉, 가장 이상적으로 라이 표시가 되는 부분은 볼의 탄도가 좋음과 동시에 볼의 방향도 가운데로 가는 1의 경우이고, 2의 경우는 볼의 탄도는 낮지만 볼의 방향은 좋음, 3은 볼의 탄도가 높고 볼의 방향은 좋음, 4의 경우는 볼의 탄도는 좋지만 볼의 방향이 오른쪽, 5의 경우는 볼의 탄도가 낮고 볼의 방향이 오른쪽, 6의 경우는 볼의 탄도는 높으면서 볼의 방향이 오른쪽, 7의 경우는 볼의 탄도는 좋지만 볼의 방향이 왼쪽, 8의 경우는 볼의 탄도가 낮으며 볼의 방향이 왼쪽 마지막 9번째는 볼의 탄도가 높으며 볼의 방향이 왼쪽으로 향하게 된다.

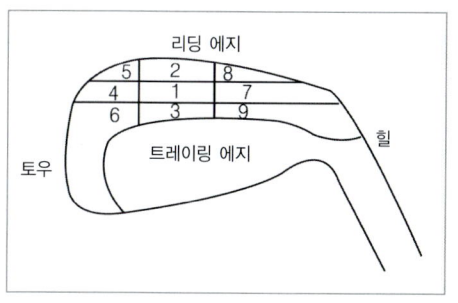

■ 클럽의 라이 각이 너무 플랫한 경우(임팩트시에 클럽에서 토우가 땅바닥으로 향하게 된 것. 다시 말해서 클럽의 힐 부분이 땅바닥에서 떨어진 경우) [출처 : Henry, 2001]

① 강한 그립을 사용한다.
② 정렬시에 목표 방향의 왼쪽으로 향하게 된다.
③ 몸의 균형이 발가락 부분인 앞쪽으로 쏠리게 된다.
④ 손과 팔을 많이 쓰게 되며, 또한 손과 팔을 빠르게 쓰게 된다.
⑤ 팔로 스로우에 제약을 받거나 또는 머리의 움직임이 없이 한 곳에 정지되어있게 된다.
⑥ 클럽이 지닌 로프트 각을 감소시키게 되어서 거리는 다소 증가될 수가 있다.
⑦ 롱 아이언의 경우에는 클럽 페이스가 열려서 거리의 감소를 가져오거나 볼의 탄도가 낮아지게 된다.
⑧ 롱 아이언과 짧은 아이언이 서로 다른 반응을 나타낸다.
⑨ 골퍼들은 특별한 클럽 길이를 선택할 것이다.
⑩ 티 샷에서 드라이버보다는 3번 우드를 선택하는 경향이 있다.
⑪ 잘못 친 아이언 샷들 대부분이 클럽의 토우쪽으로 치게 된다.
⑫ 무거운 클럽을 선택하게 된다.
⑬ 디봇(divot)이 너무 깊게 파이거나 볼만 쳐내는 경우가 발생된다.
⑭ 클럽 페이스는 백 스윙 정점에서 닫혀져 있다.
⑮ 웨지 샷의 경우 힘이 없고 대개의 경우 오른쪽으로 많이 가고, 반면 드라이버의 경우는 당겨 치는 샷이 많이 나온다.

■ 클럽의 라이 각이 너무 업라이트 한 경우(임팩트시에 클럽의 토우 부분이 땅바닥에서 떨어지는 경우 즉, 힐 부분쪽으로 땅바닥에 접촉이 되는 경우) [출처 : Henry, 2001]

① 약한 그립을 선호한다.

② 정렬의 경우 목표 방향의 오른쪽으로 향한다.
③ 체중 이동시 균형이 발바닥의 뒤쪽 즉, 뒤꿈치 쪽에 놓이게 된다.
④ 임팩트 후에 손의 릴리즈가 잘 이루어지지 않아서 블록(blocking : 손목의 접힘을 제때에 풀어주지 못하고 임팩트 후에도 지속적으로 유지하는 현상으로서 슬라이스가 발생된다) 혹은 볼을 깎아치는 현상이 발생된다.
⑤ 짧은 아이언의 경우 어드레스에서 클럽 페이스가 열려있게 된다.
⑥ 아이언보다는 우드를 롱 아이언보다는 짧은 아이언을 선호하게 된다.
⑦ 클럽 페이스가 백 스윙의 정점에서 열려있게 된다.
⑧ 블레이드(blade) 형의 클럽 헤드가 좋다.
⑨ 짧은 클럽을 더 잘 친다.
⑩ 짧은 아이언의 경우 볼의 탄도가 높고 거리가 짧다.
⑪ 잘못 치는 경우에는 클럽의 힐 부분으로 가격을 하게 되고 생크(shank)가 발생하게 된다.
⑫ 웨지 샷의 경우에는 당겨 치고 드라이버는 밀어친다.
⑬ 디봇(divot)이 너무 깊게 파이거나 볼만 쳐내는 경우가 발생된다.

다음의 표는 클럽의 로프트, 라이와 길이에 따른 남녀별로 구분을 하여서 제시한 것이다([출처 : Ralph, 2001 / Henry, 2001]).

표 4-1 골프 클럽 피팅 참조 표

	남성					여성				
	로프트		라이	길이		로프트		라이	길이	
우드	표준	전통	표준	표준	전통	표준	전통	표준	표준	전통
1	10	–	55	43	–	12	–	53	42	41 1/2
3	15	–	56	42	–	17	–	54	41	40 1/2
4	19	–	56 1/2	41 1/2	–	20	–	54 1/2	40 1/2	40
5	22	–	57	41	–	23	–	55	40	39 1/2
6	25	–	57 1/2	40 1/2	–	26	–	55 1/2	39 1/2	39
7	28	–	58	40	–	29	–	56	39	38 1/2
아이언										
1	17	17	55	39 1/2	39	–	–	–	–	–
2	20	20	56	39	38 1/2	21	21	54	38	37 1/2
3	24	23	57	38 1/2	38	25	24	55	37 1/2	37
4	28	26	58	38	37 1/2	29	27	56	37	36 1/2
5	32	30	59	37 1/2	37	33	31	57	36 1/2	36
6	36	34	60	37	36 1/2	37	35	58	36	35 1/2
7	40	38	61	36 1/2	36	41	39	59	35 1/2	35
8	44	42	62	36	35 1/2	45	43	60	35	34 1/2
9	48	46	63	35 1/2	35	49	47	61	34 1/2	34
PW	52	50	63	35 1/2	35	53	51	61	34 1/2	34
SW	56	56	63	35 1/2	35	57	56	61	34 1/2	34

3 클럽 페이스

클럽 페이스 각은 우드 클럽에서 방향을 결정하는 가장 중요한 요소이다. 페이스 각은 클럽을 목표 방향과 수직이 되도록 샤프트를 만들어 놓고 난 후에 클럽 솔을 땅 바닥에 일치시켰을 때의 클럽 페이스의 각을 의미한다([출처 : Ralph, 2001, Henry2001]). 이 때 스탠스는 정상적으로 플레이를 할 때의 자세를 취해야만 한다. 클럽의 페이스는 볼을 쳤을 때 클럽에 부딪치는 면적을 의미한다.

페이스 각은 스퀘어(square), 오픈(open)되었거나 닫혀(closed)있는 것으로 구분을 한다. 이 모든 것들은 어드레스 자세를 취한 후에 클럽 솔을 땅 바닥에 놓았을 때의 클럽 페이스 위치를 나타내는 것이다.

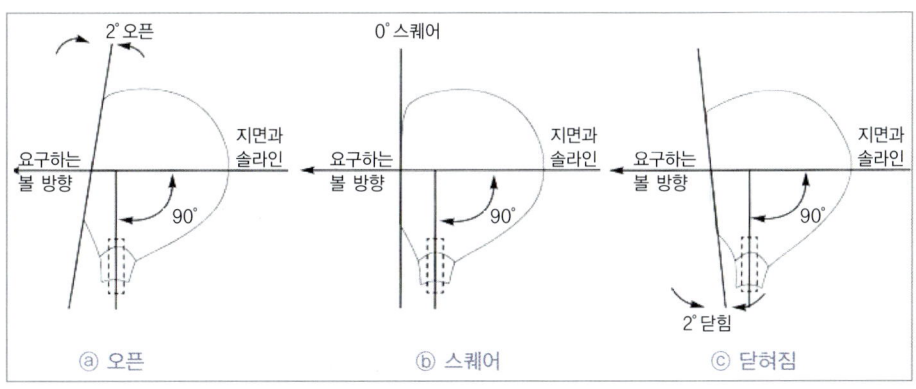

 4-7 클럽 페이스 [출처 : Henry, 2001]

즉, 클럽 페이스가 어드레스시 목표 방향과 일치된 경우를 스퀘어라고 한다. 즉 목표 방향과 90도로 수직이 되어 있는 것을 뜻한다. 클럽 페이스가 목표 방향에서 오른쪽으로 가리키는 것을 열려져 있다 혹은 오픈되었다고 하며 클럽 페이스가 목표 방향에서 왼쪽 방향을 가리키는 것을 닫혀져 있다고 한다. 열려져 있거나 닫혀져 있는 정도는 얼마의 각으로 되어져 있는가에 달려 있다.

또한 9도의 드라이버가 2도 닫혀졌을 경우의 실제 드라이버의 로프트는 11도(9+2)가 된다. 또한 9도의 드라이버가 2도 열려져 있는 경우의 실제 드라이버의 로프트는 7도(9-2)가 된다. 9도의 드라이버가 스퀘어 페이스로 된 경우의 실제 드라이버의 로프트는 9도(9-0)가 된다.

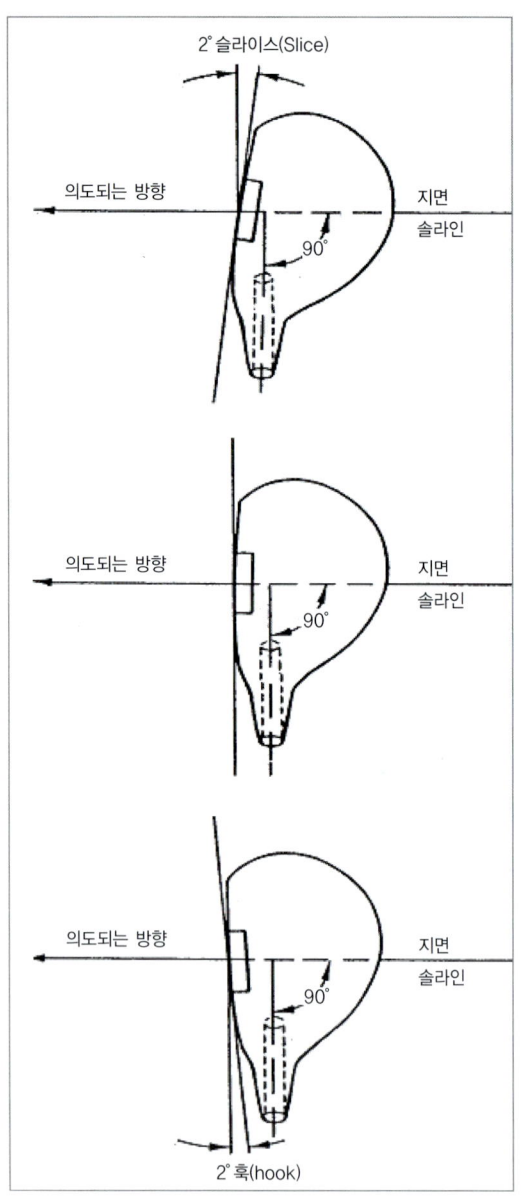

4-8 클럽 페이스의 실제적인 효과
[출처 : Ralph, 2001]

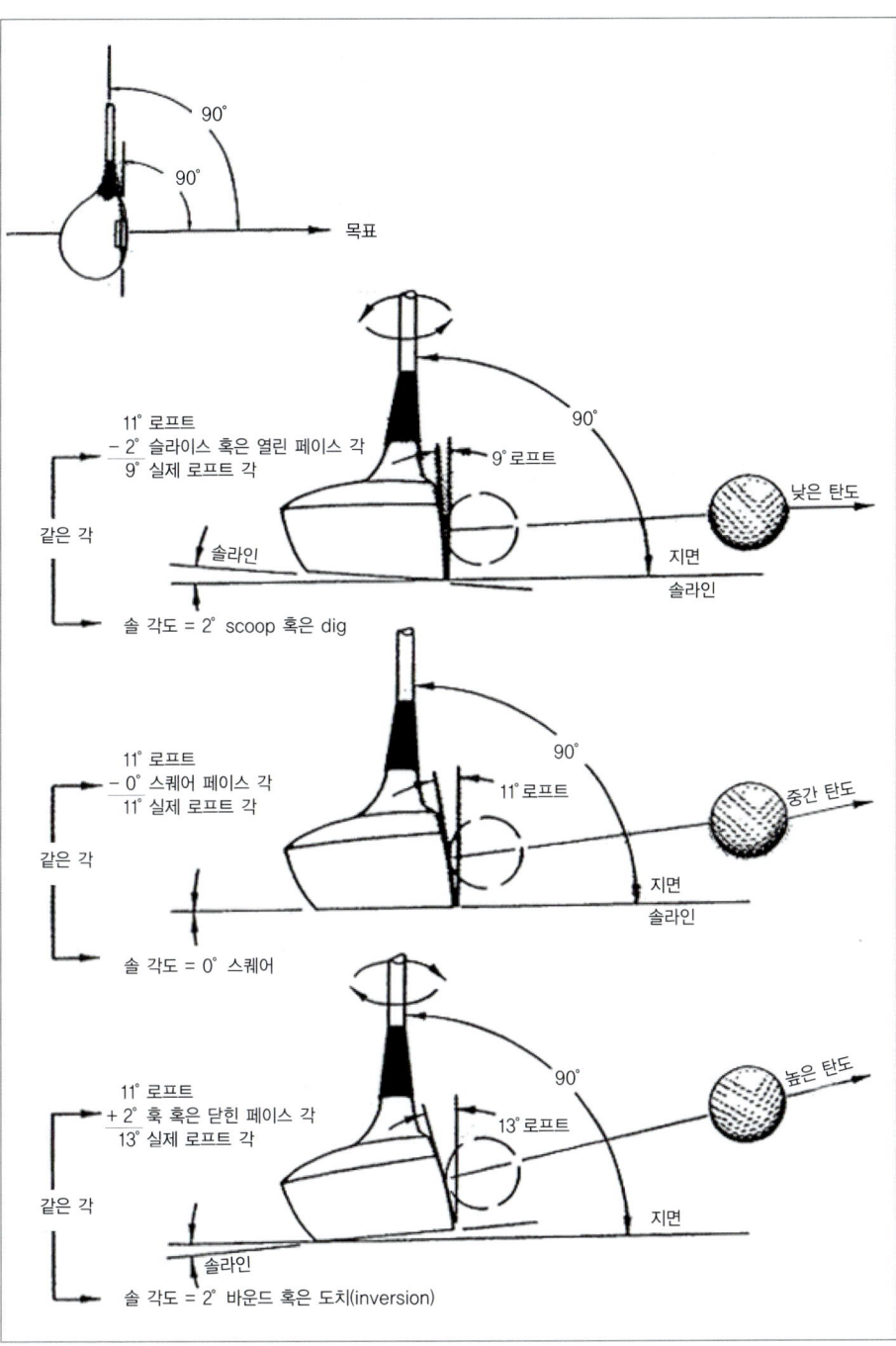

4-9 로프트와 솔 각에 대한 클럽 페이스의 효과 [출처 : Ralph, 2001]

스윙 경로와 클럽 페이스와의 상관관계의 의한 결과를 보면 다음과 같다. 기본적으로 스윙 경로에 따라 세 가지의 유형으로 구분할 수 있다. 즉, 인사이드-아웃, 스퀘어-스퀘어과 아웃사이드-인으로 구분을 하게 된다. 이런 내용의 결과는 다음에서 나열되고 있는 스윙 경로와 페이스 각에 의한 라이 보드 표시를 살펴보면 된다. 아래의 예에서의 스윙 경로는 목표 방향을 따라서 설정을 한 것이다([출처 : Henry, 2001]).

(1) 클럽 페이스 각 - 목표 방향과 직각

❶
- 라이 각 : 정확하게 중앙
- 볼 탄도 : 최적의 탄도
- 라이 보드에 의한 표시 : 솔의 정확하게 중앙에 표시

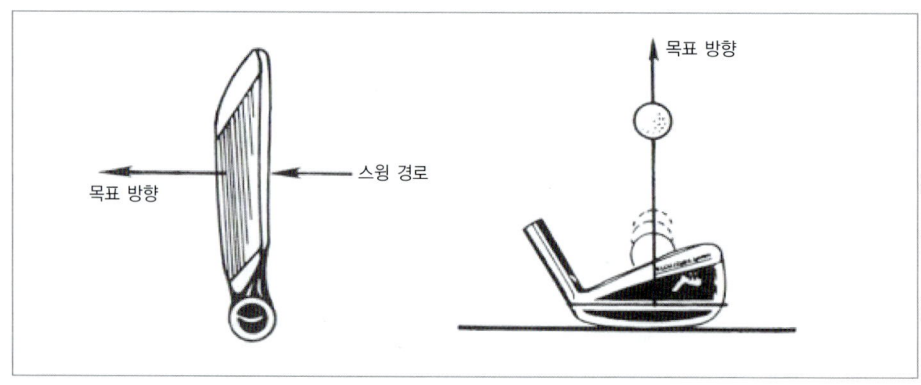

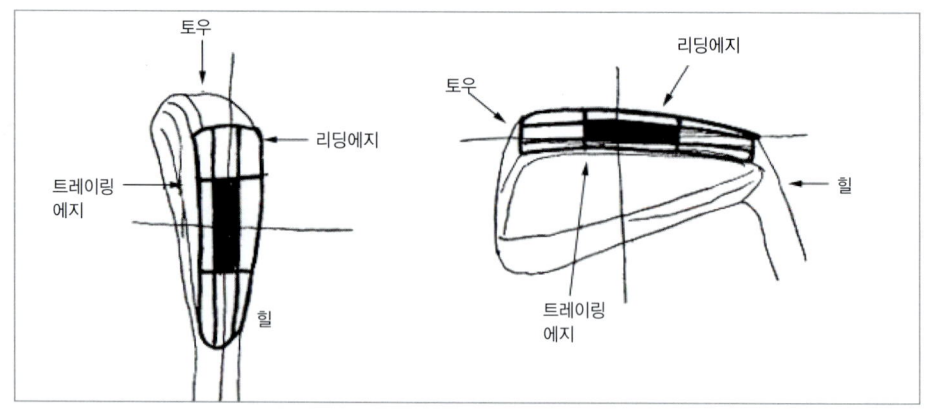

❷ • 라이 각 : 너무 업라이트한 경우
  • 볼 탄도 : 왼쪽으로 출발을 해서 훅(hook)이 발생
  • 라이 보드에 의한 표시 : 클럽의 힐 쪽에 표시

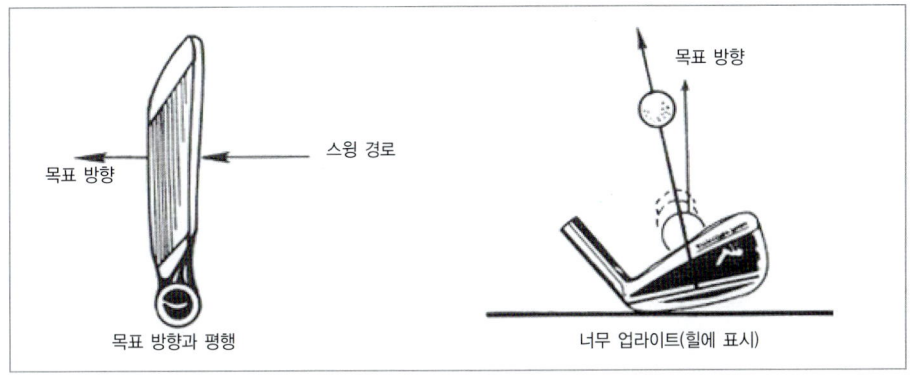

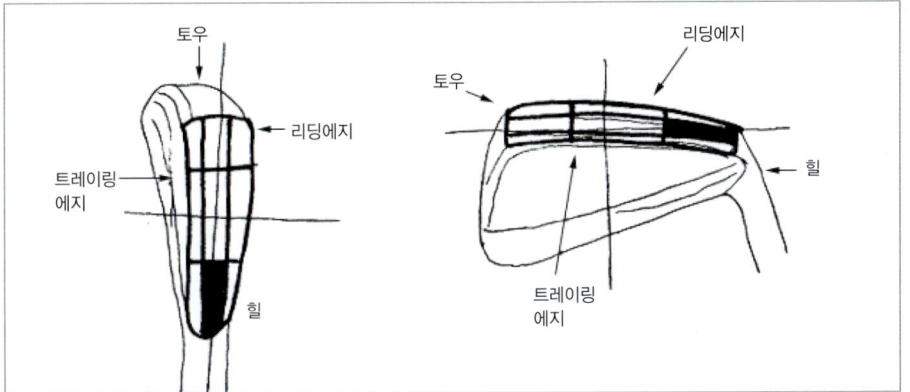

❸ • 라이 각 : 너무 플랫한 경우
  • 볼 탄도 : 오른쪽으로 출발을 해서 슬라이스가 발생, 푸시 페이드(push fade)의 형태
  • 라이 보드에 의한 표시 : 클럽의 토우 쪽에 표시

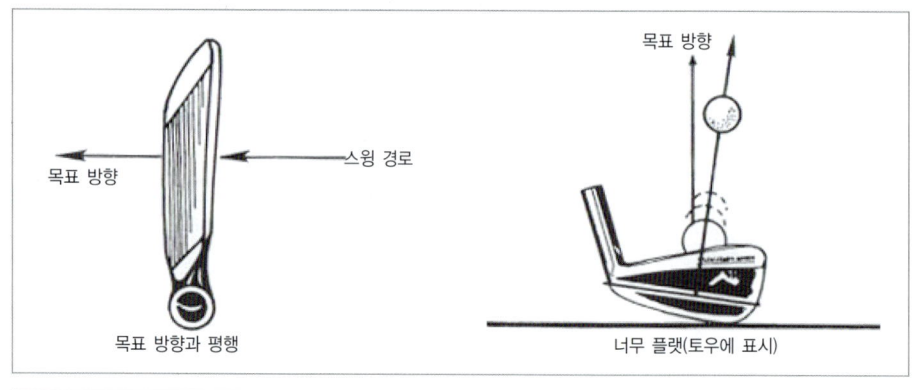

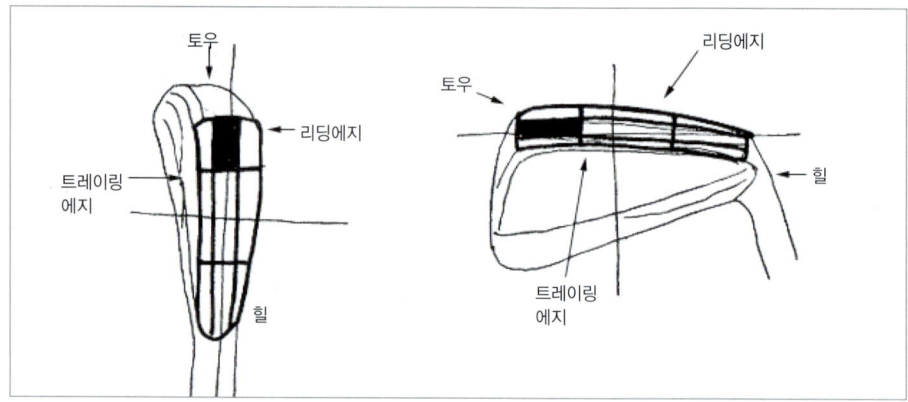

(2) 클럽 페이스 각 – 목표 방향에서 열려진 경우

❶ • 라이 각 : 정확하게 중앙
  • 볼 탄도 : 오른쪽으로 슬라이스가 발생하고 탄도가 높다.
  • 라이 보드에 의한 표시 : 클럽 솔의 뒤편인 트레이링에지(trailing edge) 와 클럽의 중앙에 표시

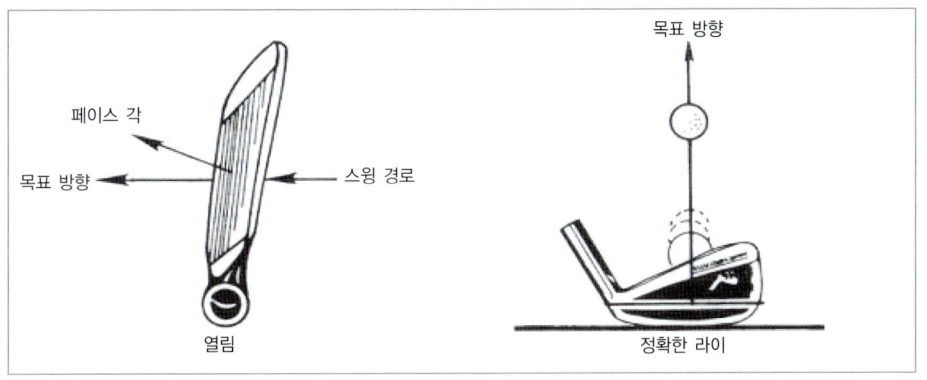

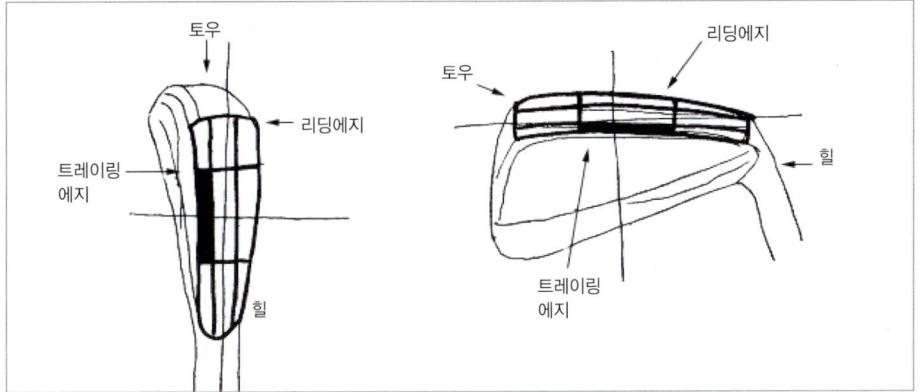

❷ • 라이 각 : 너무 업라이트한 경우
 • 볼 탄도 : 볼이 높게 날아가고 풀(pull)에서 푸시 슬라이스(push slice)
 • 라이 보드에 의한 표시 : 트레일링에지와 클럽의 힐 쪽에 표시

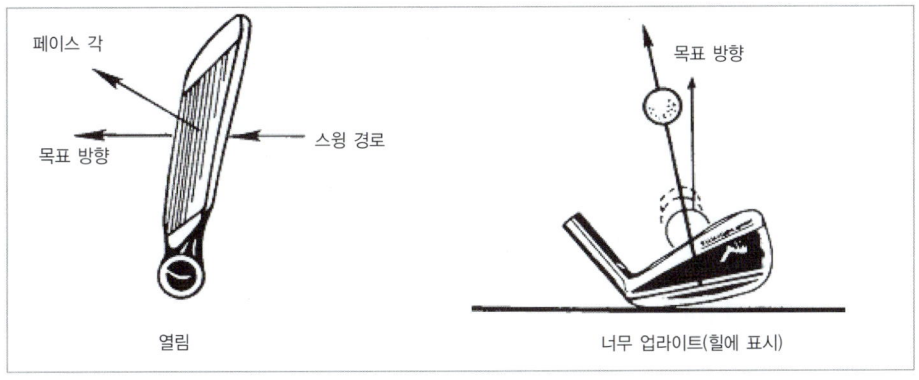

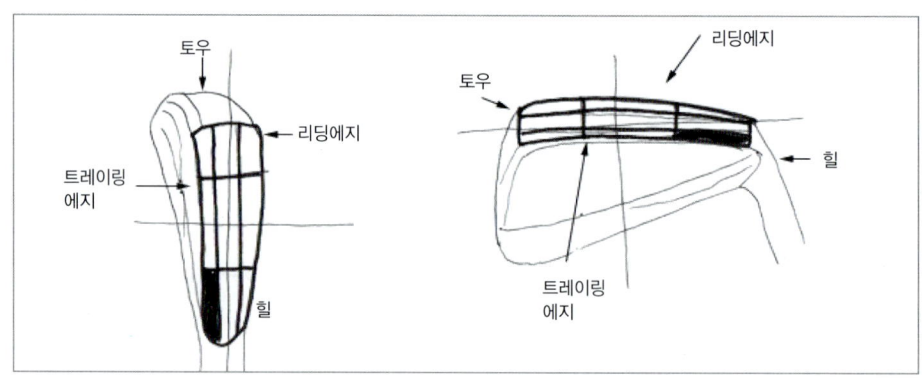

❸ • 라이 각 : 너무 플랫한 경우
 • 볼 탄도 : 오른쪽으로 출발을 해서 심한 슬라이스가 발생,
   높은 푸시 슬라이스(push slice)의 형태
 • 라이 보드에 의한 표시 : 클럽의 토우쪽과 트레이링에지에 표시

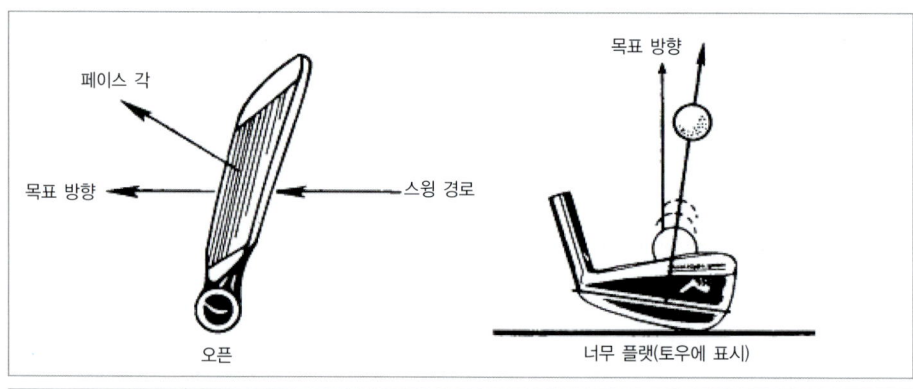

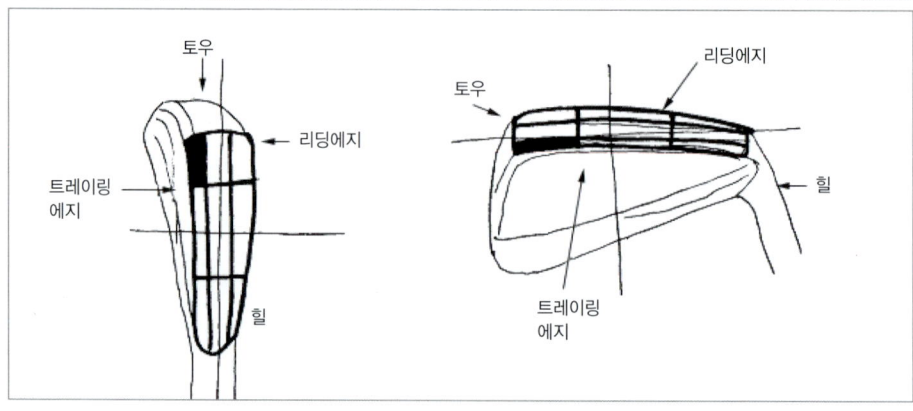

(3) 클럽 페이스 각 – 목표 방향에서 닫혀진 경우

❶ • 라이 각 :– 정확하게 중앙
 • 볼 탄도 :– 왼쪽으로 출발을 하면서 훅 발생, 탄도는 낮다.
  풀 드로우(pull draw) 형태
 • 라이 보드에 의한 표시 :– 다소 힐쪽으로 가까우면서 솔에서 앞 부분에
  해당되는 리딩에지(leading edge)에 표시

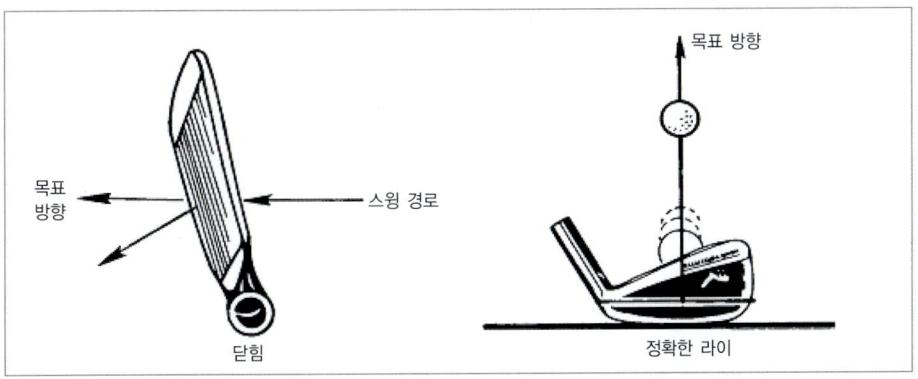

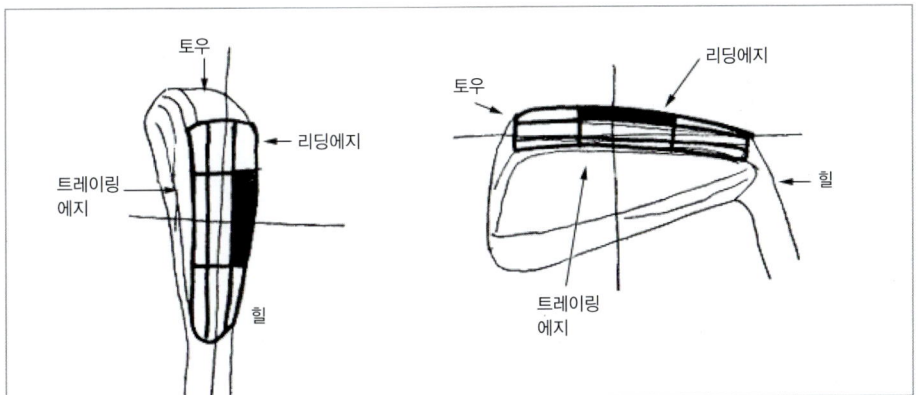

❷ • 라이 각 : 너무 업라이트한 경우
 • 볼 탄도 : 왼쪽으로 출발해서 훅 발생, 낮은 풀 훅(pull hook) 발생
 • 라이 보드에 의한 표시 : 클럽의 힐 쪽과 리딩에지에 표시

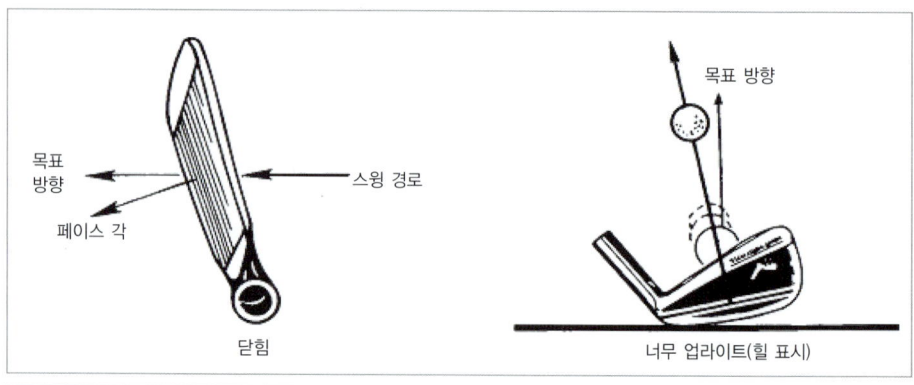

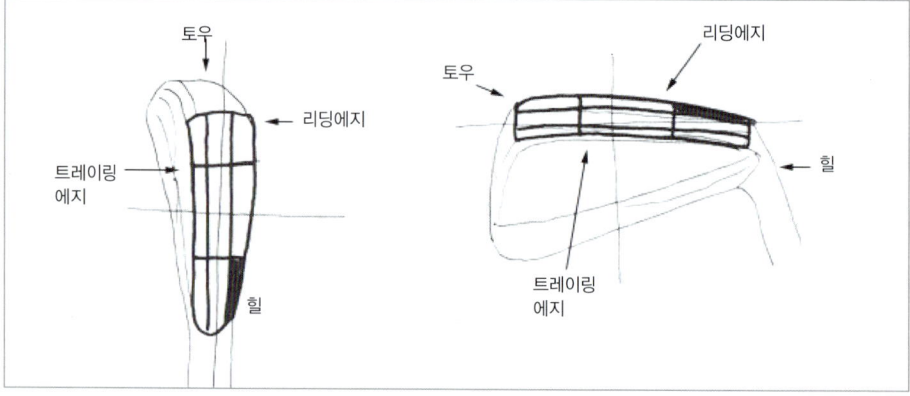

❸ • 라이 각 : 너무 플랫한 경우
  • 볼 탄도 : 푸시에서 푸시 드로우가 발생, 롱 아이언에 문제가 발생
  • 라이 보드에 의한 표시 : 클럽의 토우 쪽과 리딩에지에 표시

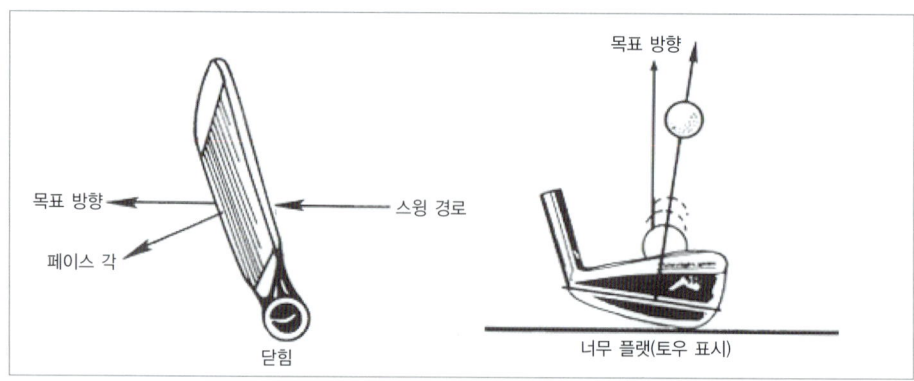

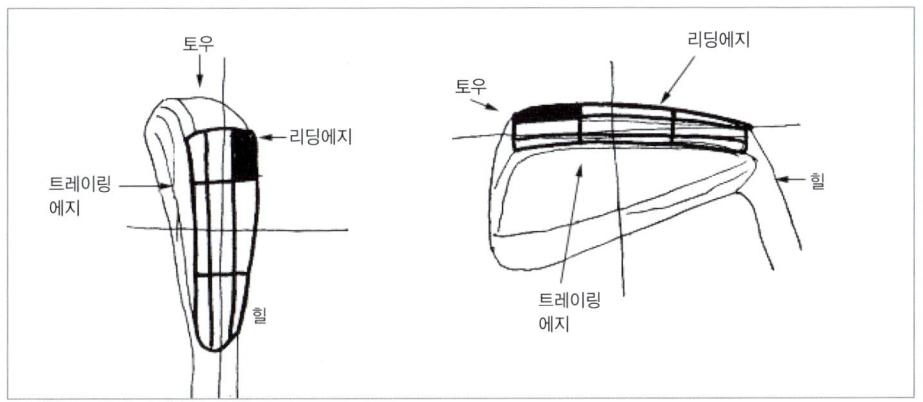

4. 클럽 피터가 유념해야 할 사항

클럽 피터가 일반 골퍼들에게 로프트와 라이 각을 교체해 주는 경우에 있어서 유념해야만 할 사항을 보면 다음을 들 수가 있다([출처 : Henry, 2001]).

(1) 로프트의 경우

① 로프트는 볼의 탄도에서 가장 중요한 요인이다.
② 로프트의 표준은 회사들마다 다름을 인식해야만 한다.
③ 로프트는 샤프트 사양에 영향을 받는다.
④ 우드에 대한 효과적인 로프트를 반드시 알아야만 한다.
⑤ 샤프트 길이, 강도와 웨이트가 로프트에 영향을 주게 된다.
⑥ 스윙 속도가 느린 골퍼에게는 더 큰 로프트를 권하는 것이 좋다.

(2) 라이 각의 경우

① 항상 라이의 체크는 볼을 침으로써 이루어져야만 한다.
② 라이 각은 방향에 직접적인 관계를 지니고 있다.
③ 로프트가 감소함으로 해서, 부적절한 라이 각은 볼이 날아가는 방향에는 영향을 덜 받는다.
④ 더 긴 클럽 즉, 1/2"를 현재 클럽에 길게 하는 것은 라이 각을 1도 정도 더 업라이트하게 만든다.
⑤ 적절한 라이 각인 경우에 어드레스시 클럽이 놓여지는 상태는 클럽의 앞쪽이 약간 들려지는 경향이 있음을 알아야만 한다.
⑥ 짧은 클럽들은 더 업라이트한 라이 각을 가지게 된다.

⑦ 정확한 라이 각을 결정하는데는 클럽의 길이도 고려를 해야만 한다.

(3) 클럽 페이스 – 드라이버와 페어웨이 우드의 경우

① 클럽 페이스의 각은 우드에서 방향을 결정하는 가장 중요한 요인이다.
② 스윙 경로는 페이스 각을 결정하는데 중요한 역할을 한다.
③ 샤프트 강도와 구부러지는 점(kick point)을 알아야만 한다.
④ 효과적인 로프트는 다를 수도 있다.
⑤ 요즈음 경향은 드라이버와 페어웨이 우드의 페이스 면이 닫혀 있다는 것을 알아야만 한다.
⑥ 현대의 기술에서는 페이스면 사양이 스퀘어에서 약간 닫혀져 있음을 인식해야 한다.
⑦ 샤프트 강도와 임팩트시 적절한 페이스 각의 관계를 알아야만 한다.

[5] 로프트와 라이 각 조절

로프트와 라이 각 조절 이전에 반드시 이행해야 할 사항은 클럽의 사양, 스윙 웨이트, 전체 웨이트와 그립 무게 등을 기록한 다음에 로프트와 라이 각 조절 이후에도 이 같은 내용을 기록하여 이전과 이후를 반드시 비교 분석을 해야만 할 것이다 (그림 4-9).

4-9 라이와 로프트 변화 기록표 [출처 : Mitchell, 2004]

5.1 로프트와 라이 각을 변경시키기 위한 준비물

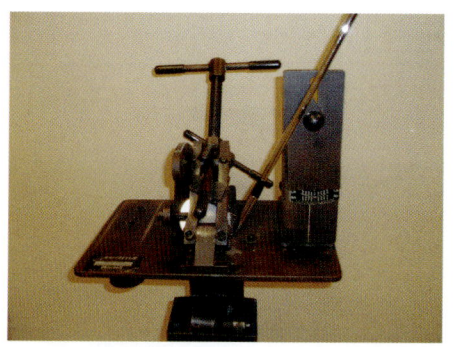
앵글 기계(로프트와 라이 각 조절 기계)

조절 벤딩 바

5.2 로프트 각을 조절하기 위한 절차

로프트 변경을 로프트와 라이를 변경시키는 기계에 클럽을 장착을 한 후 변경시키고자 하는 로프트만큼 봉을 이용해서 조절을 하면 된다. 이 때 피터의 위치는 그림 4-10에서와 같이 로프트를 체크하는 위치에서 벤딩 바와 샤프트를 직선으로 위치시키고, 로프트 각을 줄이는 경우는 위쪽 방향으로 해당 각만큼 밀어주고, 로프트 각을 크게 하는 경우에는 아래로 해당 각만큼 당기면 된다.

4-10 로프트를 위한 피터의 위치

5.3 라이 각을 변경시키기 위한 절차

라이 각을 변경시키기 위한 과정은 다음과 같다.

❶ 먼저 변경시키고자 하는 라이의 각을 체크를 해야만 한다.
- 클럽의 솔에 마스킹 테이프를 부착

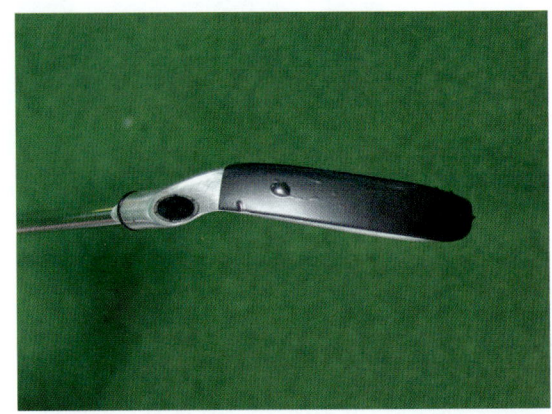

- 라이 보드 준비
- 라이 보드에 볼을 놓고 마스킹 테이프가 부착된 클럽을 이용하여서 평소의 스윙으로 스윙한다.

❷ 체크된 라이 각에 따른 라이 조절
- 솔에 부착된 마스킹 테이프에 표시된 것에 따라 클럽의 라이가 플랫인지 업라이트인지를 결정한다.
- 솔의 중앙을 기준으로 1/4인치 플랫인 경우(표시가 토우 쪽으로 난 경우)는 라이와 로프트를 조절하는 기계에 피터가 서 있는 쪽에서 1도 아

래쪽 방향으로 잡아당기면 된다(그림 4-9). 이 때 클럽 피터의 위치는 라이가 있는 쪽에서 샤프트와 벤딩 바가 직선이 되도록 위치시키면 된다.

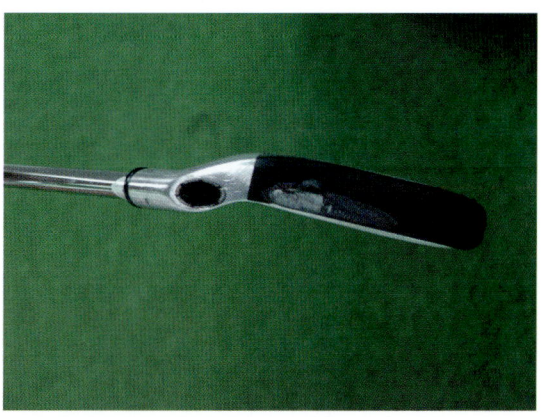

- 솔의 중앙을 기준으로 1/4인치 업라이트인(표시가 힐 쪽으로 난) 경우는 라이와 로프트를 조절하는 기계에 피터가 서 있는 쪽에서 1도 위쪽 방향으로 잡아당기면 된다.

❸ 이런 과정을 모든 클럽에 대해서 수행을 하면 된다.

❹ 그리고 반드시 라이 각의 수정 후에 클럽이 제대로 이루어졌는지를 체크하는 과정이 필요하다.

4-11 라이 각 조절을 위한 클럽 피터의 위치

내 손으로 클럽 수선해 보기

제5장 웨·이·트·와·클·럽·헤·드

[1] 전체 웨이트와 스윙 웨이트

전체 웨이트는 클럽 피터가 고려해야만 할 사항이고, 스윙 웨이트는 클럽을 만드는 사람들의 고려사항이다. 다음 그림은 전체 웨이트를 측정하는 장면이다.

다음은 스윙 웨이트를 측정하는 장면이다.

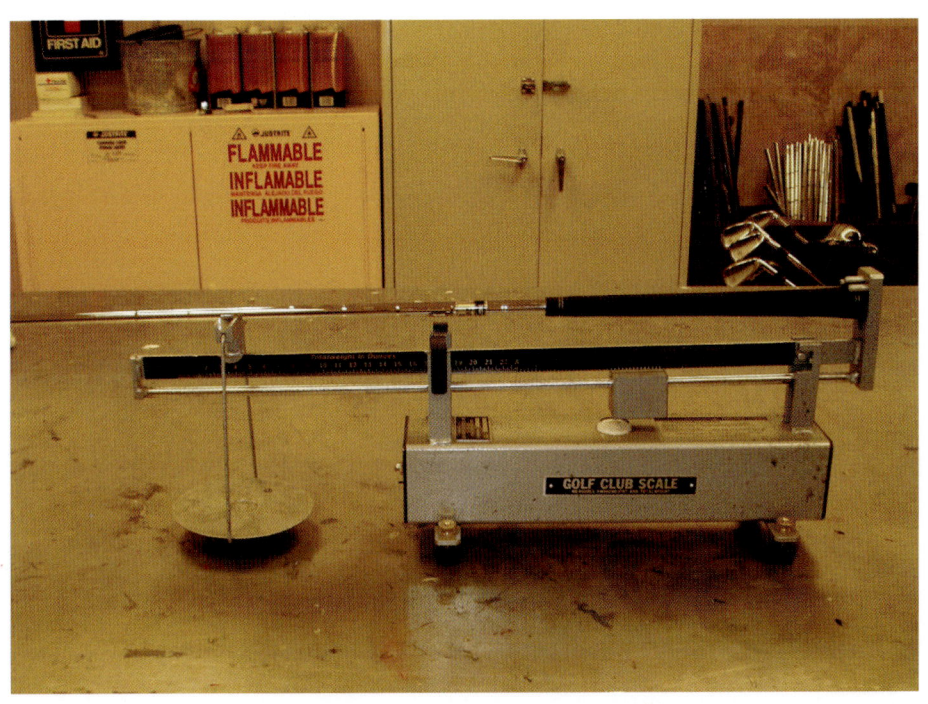

골프 클럽에서의 무게를 구성하는 부분은 샤프트, 클럽 헤드 그리고 그립으로 구성된다. 이 같은 샤프트, 크럽 헤드와 그립의 무게간의 상관관계는 아주 중요하다. 즉, 샤프트, 클럽 헤드와 그립 무게의 조합은 같은 무게들 예를 들어보면, 가벼운 것, 중간 것 혹은 무거운 것 중의 하나로 구성되어야만 한다. 모든 클럽들이 같은 빈도수를 지닌 세트로 구성된 그램으로 되어져야만 한다.

전체 웨이트와 스윙 웨이트에 영향을 주는 요소들은 다음과 같다([출처 : Henry, 2001]).
① 클럽 길이
② 샤프트 강도와 샤프트의 휘어지는 점
③ 그립 크기

④ 그립 재질
⑤ 클럽 헤드 설계와 재질
⑥ 라이 각

또한 다음의 사항들에 대해서 명심을 해야만 한다([출처 : Henry, 2001]).
① 클럽이 길어지면, 전체 웨이트는 증가된다. 즉, 재질에 따라 다르지만 1/2 인치당 2그램 정도 증가한다.
② 스윙 웨이트는 클럽 길이가 1/2인치 증가하는데 3포인트 증가한다.
③ 대부분의 사람들은 스윙 웨이트를 이해하지 못한다. 100파운드의 무게를 지닌 클럽인 경우에 스윙 웨이트는 D-0를 지니게 된다.

■ 표 5-1 샤프트 무게, 클럽 길이와 그립 무게와 헤드 무게에 대한 표준 구성명세서에서 결정되어진 스윙 웨이트

클럽헤드	웨이트	원래 샤프트 웨이트	그립 무게	클럽 길이	스윙웨이트
1wood	198grams	125grams[1]	52grams	43"	D-0
3wood	208grams	125grams[1]	52grams	42"	D-0
4wood	213grams	125grams[1]	52grams	41 1/2"	D-0
5wood	218grams	125grams[1]	52grams	41"	D-0
7wood	228grams	125grams[1]	52grams	40"	D-0
1iron	230grams	125grams[1]	52grams	39 1/2"	D-0
2iron	237grams	125grams[1]	52grams	39"	D-0
3iron	244grams	125grams[1]	52grams	38 1-2"	D-0
4iron	251grams	125grams[1]	52grams	38"	D-0
5iron	258grams	125grams[1]	52grams	37 1/2"	D-0
6iron	265grams	125grams[1]	52grams	37"	D-0
7iron	272grams	125grams[1]	52grams	36 1/2"	D-0
8iron	279grams	125grams[1]	52grams	36"	D-0
9iron	286grams	125grams[1]	52grams	35 1/2"	D-0
PW[2]	293grams	125grams[1]	52grams	35"	D-3
SW[2]	300grams	125grams[1]	52grams	35 1/2"	D-6

[1] 실제 샤프트 웨이트는 45" Parallel tip Dynamic S-flex(우드의 경우)와 39" Parallel tip Dynamic S-flex(아이언의 경우)
[2] 피칭 웨지와 샌드 웨지는 1-9번 iron보다 의미적으로 다소 더 높은 스윙 웨이트로서 설계되었다.

■ 표 5-2 클럽 길이에 대한 스윙 웨이트(예비적인 피팅 가이드라인임)

남자의 경우 길이	A, R, S와 X스틸 샤프트	A, R, S와 X 그라파이트 샤프트
표준 보다 1" 적은 경우	C6 에서 C8	C4 에서 C6
표준 보다 1/2" 적은 경우	C8 에서 D0	C6 에서 C8
표준	D0 에서 D2	C9 에서 D1
표준 보다 1/2" 이상	D0 에서 D3	D0 에서 D2
표준 보다 1 1/2" 이상	D6 에서 D9	D3 에서 D6
표준 보다 2" 이상	D9 에서 E2	D5 에서 D8

여자의 경우 길이	L 강도 스틸 샤프트	L 강도 그라파이트 샤프트
표준 보다 1" 적은 경우	C0 에서 C3	B8 에서 C1
표준 보다 1/2" 적은 경우	C2 에서 C5	C0 에서 C3
표준	C4 에서 C7	C2 에서 C5
표준 보다 1/2" 이상	C6 에서 C9	C4 에서 C7
표준 보다 1 1/2" 이상	C8 에서 D1	C6 에서 C9

■ 표 5-3 길이가 긴 경우, 길이가 짧은 경우 클럽 헤드 무게

클럽	표준	1/2"긴 경우	1/2"짧은 경우
#1-우드	198	193	203
#3-우드	208	203	213
#5-우드	218	213	223
#7-우드	228	223	233
#1-아이언	223	223	237
#2-아이언	230	230	244
#3-아이언	237	237	251
#4-아이언	244	244	252
#5-아이언	251	251	265
#6-아이언	258	252	272
#7-아이언	265	265	279
#8-아이언	272	272	286
#9-아이언	279	279	293
PW	286	286	300
SW	293	293	307
LW	293	293	307

■ **표 5-4** 샤프트 웨이트 분류

표준 웨이트	4.25 – 4.62 oz(120–132g)
중간 정도의 가벼운 것	3.80 – 4.24 oz(109–120g)
아주 가벼운 것	3.4 – 3.79 oz(99–109g)
초 경량	2.0 – 3.6 oz(57–99g)

■ **표 5-5** 샤프트 웨이트와 분류

아이언	헤드 무게	샤프트 무게	스윙 웨이트 표준길이
2i	236g	4.37oz	D-0
2i	236g	4.00oz	D-8.5
2i	236g	3.75oz	C-7
2i	236g	3.00oz	C-2

표준 길이 = #2 아이언에 대해서 39"

[2] 클럽 헤드

플레이어로 하여금 자신의 게임에 대한 문제점을 극복할 수 있도록 하는 피팅에 있어서 클럽 헤드의 형태와 모양을 추천할 수가 있어야 하고 수행 면에 있어서 클럽 헤드 설계에서의 효과를 이해하는 것이 중요하다. 대부분의 제조회사에서는 아이언이나 우드의 클럽 헤드 제작시 서로 다른 형태로 2개 내지 3개를 만들게 된다. 또한 어떤 회사는 옛날 모델에서 최근에 각광을 받고 있는 모델에 이르기까지 생산을 하고 있다.

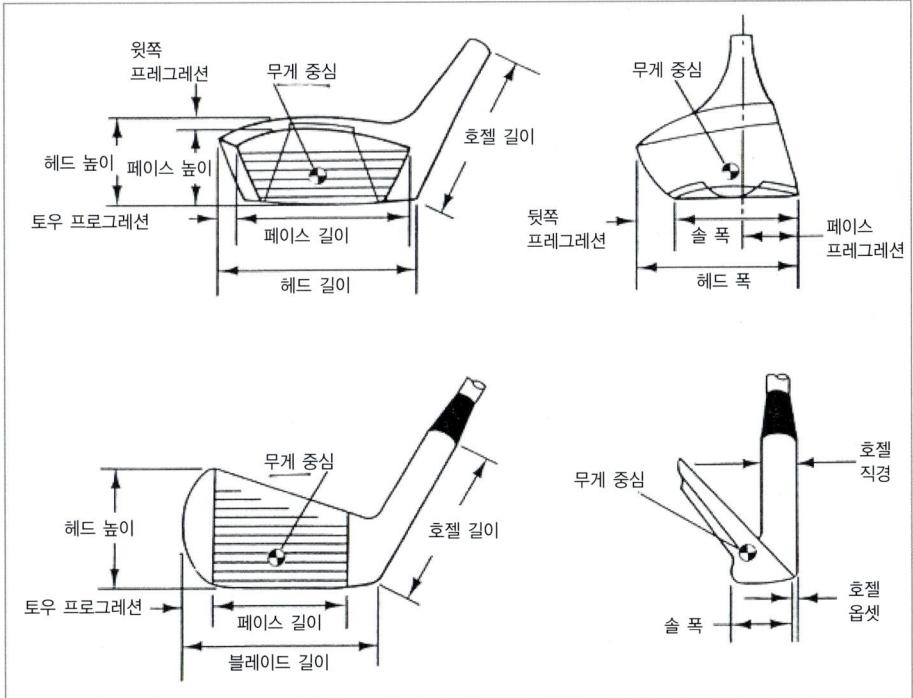

5-1 클럽 헤드 [출처 : Ralph, 2001]

클럽 헤드는 두 가지 경우, 즉 옵셋(offset)과 옵셋을 지니지 않는(non-offset)으로 구분이 된다. 이 같은 경우 실제적인 차이는 클럽의 호젤(hosel)의 가장 멀리 있는 앞 부분과 클럽의 리딩 에지(leading edge)와의 위치를 가지고 구분을 한다. 옵셋과 비 옵셋과의 차이가 바로 볼의 탄도를 결정하는 것으로서 다음 그림 5-2와 같다([출처 : Henry, 2001]).

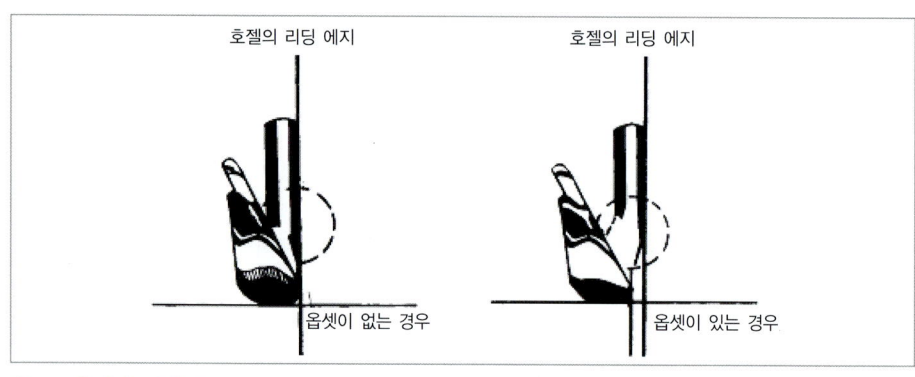

▲ **5-2** 옵셋과 비 옵셋 클럽 헤드

그리고 옵셋과 비 옵셋의 볼 탄도를 보면 다음과 같다. 이 경우에는 모든 조건들이 같다고 가정을 한 것이다.

옵셋의 경우 볼 탄도는 높고 볼의 방향은 왼쪽으로 가게 되는 반면에, 비 옵셋의 경우의 볼의 탄도는 낮고 볼의 방향은 오른쪽으로 향하게 된다.

페이스 프로그레션(face progression)이란 샤프트의 중앙선에서 페이스의 가장 앞쪽에 있는 것과의 거리를 의미한다([출처 : Ralph2001 / Jeff, 2001]). 그리고 옵셋은 호젤의 가장 멀리 있는 앞부분과 샤프트나 호젤의 중앙선에 있는 페이스의 가장 멀리 있는 앞 부분까지의 거리를 의미한다. 특히 롱 아이언인 경우에는 프로그레시브 옵셋(progressive offset)으로 구성되어 있고 숏 아이언으로 갈수록 프로그레시브한 옵셋이 없다(그림 5-3, 5-4, [출처 : Ralph, 2001]).

우드와 아이언에서 혼용된 헤드 설계로 인해서 플레이어로 하여금 스윙을 함에 있어서 서로 다르게 하도록 하게 될 수도 있다. 우드와 아이언의 클럽 헤드 설계가 다른 경우에 있는 예외들을 보면 다음과 같다.

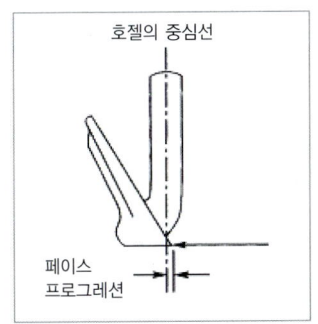
▲ 5-3 롱 아이언

① 아이언의 클럽 헤드가 비 옵셋이고 2도 이상 업라이트한 경우에는 옵셋 우드를 더 잘 칠 수가 있을 것이다.
② 아이언의 클럽 헤드가 옵셋이고 2도 이상 플랫인 경우에는 비 옵셋 우드를 더 잘 칠 수가 있을 것이다.
③ 우드와 아이언의 스윙이 다른 경우에는 비슷한 볼 탄도의 방향을 나타낼 수도 있다. 만약 이것이 레슨 프로나 클럽 피터와 골프를 배우는 학생들에게 받아들여지면, 다음

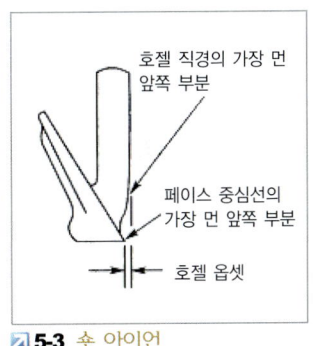
▲ 5-3 숏 아이언

의 내용이 도움이 될 것이다. 즉, 어떤 플레이어들은 13도의 비 옵셋과 11도의 옵셋 클럽의 볼 탄도가 비슷하게 될 것이라는 것이다.
④ 자기 자신의 개인적인 특성을 알아야만 할 것이다.

만약 클럽 헤드의 옵셋(offset)이 너무 큰 경우, 스윙시 다음과 같이 취하게 된다([출처 : Henry, 2001]).

① 골퍼들은 목표 방향의 오른쪽으로 의도적으로 설정을 하게 된다.
② 약한 그립을 선호한다.
③ 클럽 페이스의 위치가 열려져 있게 된다.
④ 스윙시 임팩트 후에 왼손이 블록, 즉 릴리스를 못하고 그대로 유지되는 현상이 일어난다.
⑤ 스윙시 균형이 잡히는 부분이 발 뒤꿈치에 있게 된다.

만약 클럽 헤드의 옵셋이 너무 적은 경우에 스윙시 다음과 같이 취하게 된다 ([출처 : Henry, 2001]).

① 골퍼들은 목표 방향의 왼쪽으로 의도적으로 설정을 한다.
② 강한 그립을 선호한다.
③ 클럽 페이스의 위치가 닫혀져 있다.
④ 모든 것들을 훅으로 시도하려고 한다.
⑤ 머리를 너무 오랫동안 아래에 두려고 할 것이다.
⑥ 스윙시 균형을 잡히는 부분이 발가락 부분에 두게 될 것이다.

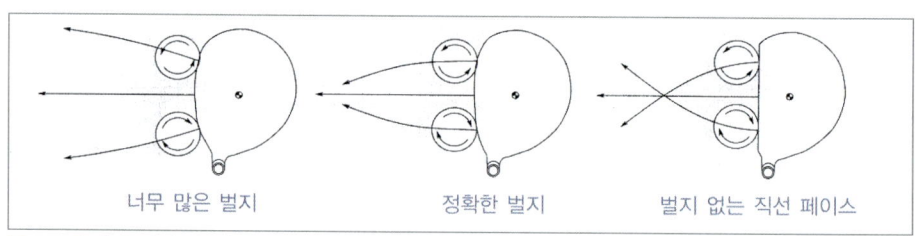

▲ **5-5** 무게 중심이 일정한 경우 적절한 경우와 부적절한 벌지(bulge: 우드의 경우 페이스에서 앞으로 튀어나온 부분을 뜻함)의 효과 [출처 : Ralph, 2001]

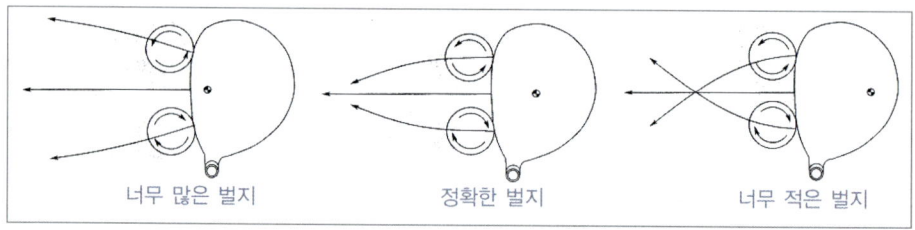

▲ **5-6** 무게의 중심이 변화에 따른 적절하고 부적절한 벌지의 효과 [출처 : Ralph, 2001]

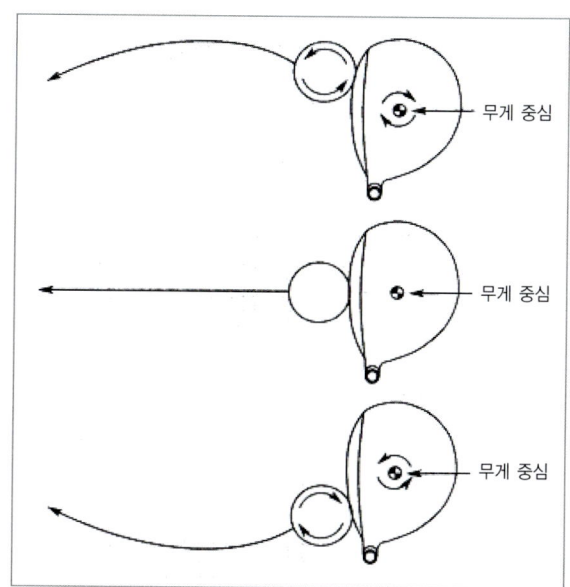

5-7 클럽의 중앙이 아닌 곳으로 볼을 친 경우의 벌지가 어떻게 되는지의 효과
[출처 : Ralph, 2001]

수평적인 페이스 벌지를 이해하는데 있어서 가장 중요한 것은 그것이 어떻게 작동을 하는 것이고 우드 페이스가 얼마만큼의 벌지가 필요로 한지를 결정하는 요소는 무엇인가 하는 것이다. 그림 5-7을 보면, 벌지의 기본적인 원리를 설명한 것이다. 그림 5-7에서 임팩트시에 세 가지 종류의 볼 촉을 볼 수가 있게 된다. 즉, 클럽 페이스의 토우 부분, 힐 부분 그리고 중심 부위에 접촉이 이루어 진 경우로서, 이 경우 모두 클럽 페이스는 임팩스시에 스퀘어를 유지하고 클럽 헤드 경로 역시 목표 방향에 스퀘어를 이룬다는 가정을 한 것이다. 또한 모든 무게의 중심은 같은 위치에 있다고 한다. 이 같은 가정을 만든 이유로는 클럽 경로와 페이스의 여러 가지 조합에 의해서 발생되는 것들을 제거함과 동시에 벌지와 클럽 헤드의 무게 중심이 볼 탄도와 스핀에 어떻게 작동하는 것인가에만 중점을 두고자 한다([출처 : Ralph, 2001]).

볼이 클럽 페이스의 토우 부분에 접촉이 되는 경우는 벌지 때문에 이미 페이스가 열려져 있게 되므로 볼의 방향이 목표의 오른쪽으로 출발을 하게 된다. 그러나 볼이 클럽의 토우를 칠 때, 임팩트의 힘은 토우의 뒤쪽에서 발생하는 것으로 치게 되고, 그것을 앞으로 직진을 하면서 힐 쪽으로 가게 만드는 것이다. 이같은 클럽 헤드의 회전과 비틀림은 무게의 중심 부위에서 발생이 된다. 토우에 접촉된 클럽 헤드의 회전 효과는 클럽 페이스에 볼이 접촉된 점으로 하여금 시계 반대 방향인 훅의 사이드 스핀 효과인 볼이 회전이 되게 만든다 (이것을 기어 효과(gear effect)라고 함, [출처 : Ralph, 2001]). 수평적인 벌지는 볼을 목표의 오른쪽 방향으로 시작을 시키게 하므로 시계 반대 방향으로 볼에 사이드 스핀의 훅 효과를 허용하게 된다.

참고로 기어 효과란 클럽 헤드가 그 클럽의 무게의 중심을 기준으로 회전을 하므로서, 볼을 반대 방향으로 회전이 되도록 클럽 페이스를 이동하는 것을 의미한다(그림 5-8, [출처 : Ralph, 2001])

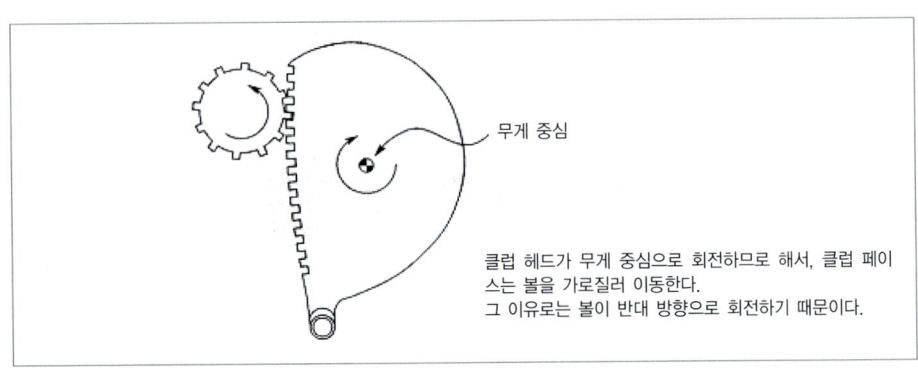

▣ **5-8** 클럽 페이스의 중심 부위와 접촉을 못한 경우의 기어 효과 [출처 : Ralph, 2001]

볼이 페이스의 중심 부위를 치지 못하는 경우, 클럽 헤드가 클럽의 무게 중심을 기준으로 회전을 하는 것이다. 이 때 접촉이 이루어지는 부분에서는 사이드 스핀의 효과가 발생된다. 이것은 볼에 사이드 스핀을 나타냄으로써 우리가 원하는 훅이나 슬라이스 효과를 가져오게 된다. 수평적인 페이스 벌지는 내재된 수정 요인이 되는 것이다. 이것으로 인해서 토우에 접촉이 이루어지는 경우는 볼을 오른쪽으로 힐에 접촉하여 왼쪽 방향으로 볼을 고의적으로 더 멀리 출발시킴으로써 원하는 훅이나 슬라이스 사이드 스핀을 발생한다 ([출처 : Ralph, 2001]).

그러나 아이언에서는 왜 벌지가 없는가? 그것은 다음과 같다. 아이언의 경우 무게의 중심이 클럽 페이스에 너무 가깝게 존재하기 때문이다. 그렇기 때문에 토우나 힐 쪽으로 볼을 치는 경우에 사이드로의 이동이 발생하지 못하게 한다. 결과적으로 아이언에서 벌지를 만들고 페이스의 중심 부위에 접촉이 이루어지지 못하는 경우에는 방향을 제어하는 문제가 발생되기 때문이다 ([출처 : Ralph, 2001]).

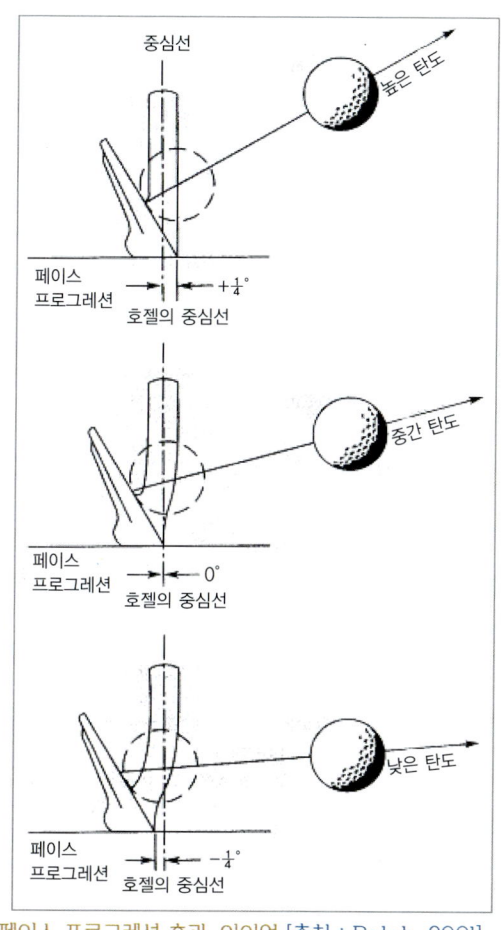

5-9 페이스 프로그레션 효과-아이언 [출처 : Ralph, 2001]

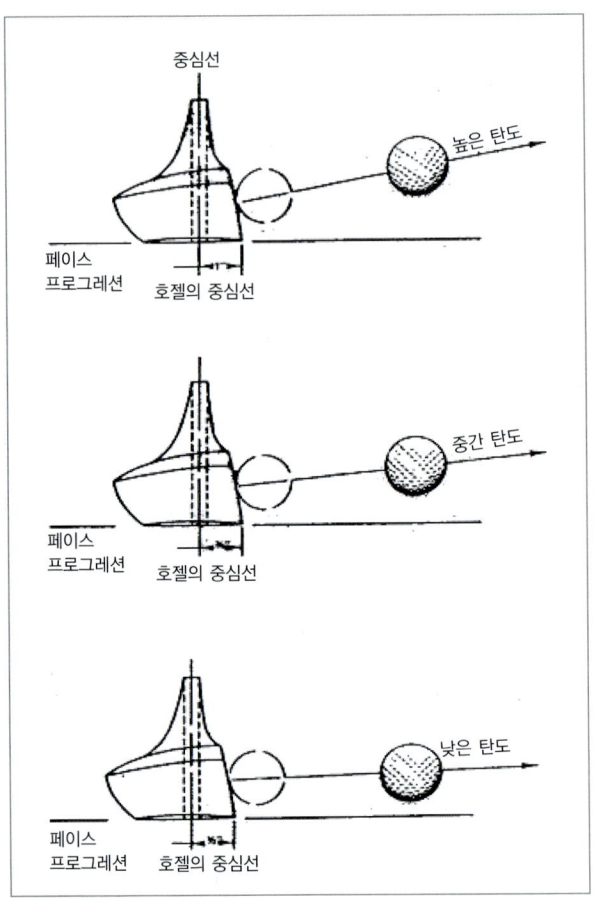

5-10 페이스 프로그레션 효과-우드 [출처 : Ralph, 2001]

3 클럽 피터가 **유념**해야 할 사항

클럽 피터가 일반 골퍼들에게 웨이트와 클럽헤드를 교체해 주는 경우에 있어서 유념해야만 할 사항은 다음과 같다([출처 : Jeff, 2001]).

(1) 웨이트(weight)의 경우

① 느낌은 웨이트를 피팅하는데 있어서 가장 중요한 요소이다.
② 클럽 사양의 변화는 웨이트에 영향을 주게 된다.
③ 웨지(wedge)는 클럽 중에서 가장 무거운 클럽이다.
④ 전체 웨이트와 스윙 웨이트의 관계를 인식해야 한다.
⑤ 스윙 웨이트에 영향을 주는 요소들은 다음과 같다.
 · 샤프트 길이
 · 그립 무게
 · 헤드 무게
 · 샤프트 무게
 · 클럽 무게의 중심점
 · 라이 각

(2) 클럽 헤드의 경우

① 골퍼의 능력과 잘 어울리는 헤드로 만들어야만 한다.
② 골퍼의 취향을 고려해야만 한다.
③ 최적의 볼 탄도가 되도록 헤드로 고려해야만 한다.
④ 다양한 헤드를 가지고 선택을 할 수 있도록 해야 한다.
⑤ 가격적인 요소도 고려해야만 한다.

⑥ 다음의 것들이 골퍼들에게 적합하도록 하여야만 한다.
- 로프트
- 라이
- 페이스 각
- 샤프트
- 웨이트
- 그립 등

⑦ 클럽 헤드를 바꾸었을 경우 제약사항을 알고 있어야만 한다.
⑧ 헤드 사양이 다른 피팅 요소 즉, 강도, 길이와 웨이트에 영향을 줌을 인식해야만 한다.
⑨ 가장 최근에 출시된 헤드는 피하는 것이 좋다.
⑩ 만약 골퍼가 여러분과의 의견이 맞지 않았을 경우에는 골퍼에게 그에게 맞는지를 입증해 보도록 하는 것이 현명하다.

4 웨이트와 클럽 헤드 수선

웨이트와 클럽 헤드 이전에 반드시 이행해야 할 사항은 클럽의 사양, 스윙 웨이트, 전체 웨이트와 그립 무게 등을 기록한 다음에 수선 이후에도 이같은 내용을 기록하여 이전과 이후를 반드시 비교 분석해야만 할 것이다.

또한 아래의 표를 이용해서 골프 클럽의 빈도수에 따른 비교 분석을 통하여서 클럽들이 매치가 되는지를 판단하여야만 할 것이다.

4.1 스윙 웨이트와 전체 웨이트 변경

❶ 준비물

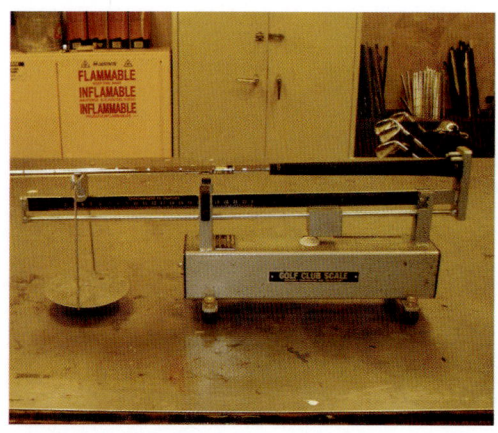
스윙 웨이트를 측정하는 도구

전체 웨이트를 측정하는 도구

❷ 스윙 웨이트와 전체 웨이트 변경 측정

스윙 웨이트와 전체 웨이트의 변경을 측정하는 방법은 위의 도구를 이용하여서 스윙 웨이트와 전체 웨이트에 영향을 주는 요인들의 변화 즉, 그립, 샤프트와 클럽 헤드의 변화에 따른 무게를 위의 그림과 같이 다시 측정하는 방법으로서 이루어진다.

4.2 납을 이용한 웨이트의 변경

다음의 납을 이용해서 클럽의 웨이트를 변경시킬 수가 있다.

클럽의 웨이트를 변경시키는 방법으로는 클럽의 가운데 부분에 일정한 무게를 지닌 납을 장착을 해서 클럽의 무게를 조정을 할 수가 있다. 이때 클럽의 무게를 느끼지 못하는 경우나 무게를 더 필요로 하는 경우에는 필요한 양은 대개의 경우 1그램씩의 납을 부쳐 나가므로써 본인이 무게의 느낌을 인식할 수가 있다.

다른 방법으로는 납을 갈아서 샤프트 안쪽으로 넣는 경우도 있다. 이때 안쪽으로 넣은 납이 샤프트 안에서 움직이는 것을 방지하기 위해서 납을 넣고 본드를 삽입시켜서 완전히 붙게 만든다. 이것은 납을 클럽에 달라붙게 하여 외관상으로 보기가 안 좋은 것을 해결할 수가 있다.

그리고 드로우나 페이드를 방지시키기 위한 한 방법으로도 클럽의 헤드 무게를 조정하여 볼의 방향을 조절할 수 있다. 납을 헤드의 어느 위치에 붙이는가에 관건이 있다.

4.3 우드 클럽의 끈 설치

❶ 준비물

위핑(whipping:– 여기서는 끈이라고 칭함)

루프 풀러(Loop puller)

❷ 우드의 끈이 끊어진 모습

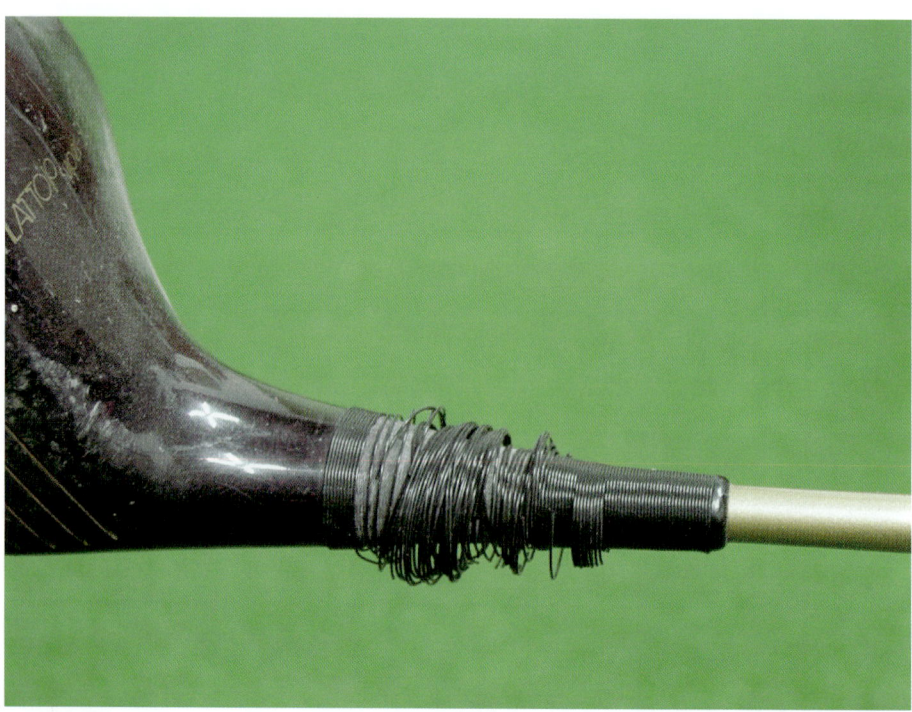

❸ 끊어진 끈을 모두 제거시키고 그 부분을 깨끗하게 만든다.

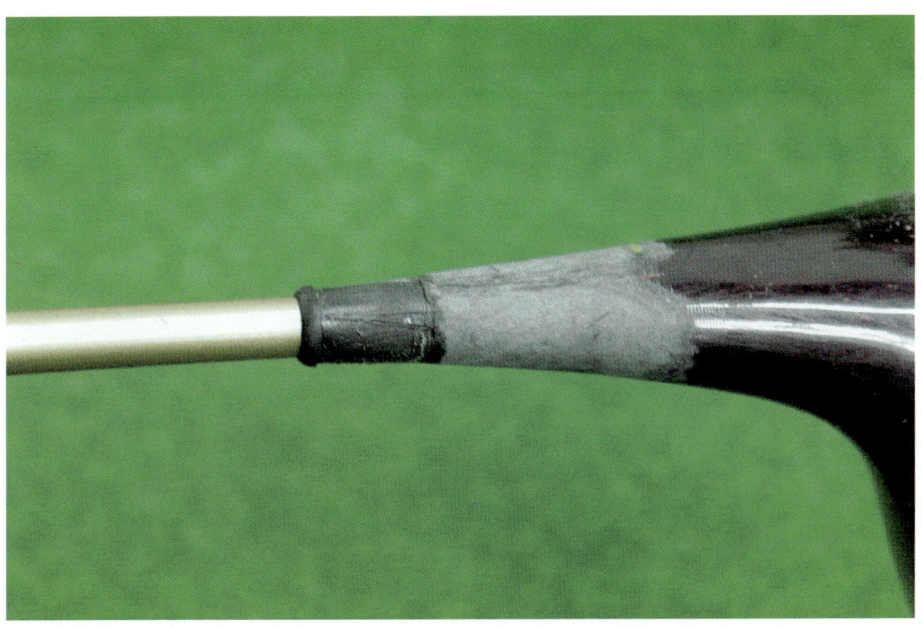

❹ 끈을 장착시키기 위해서 시작부분은 끈이 서로 엇갈리게 한다.

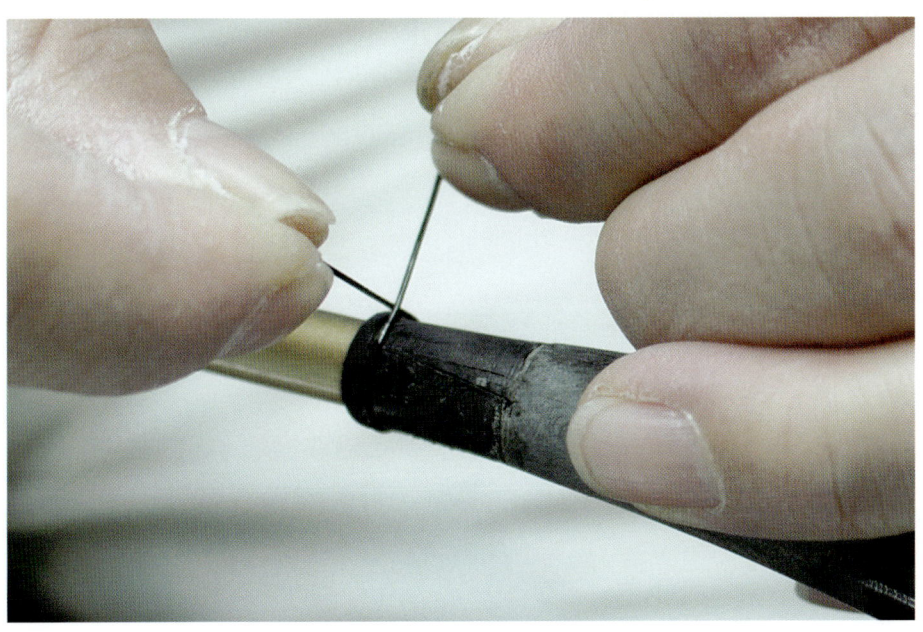

❺ 끈을 일정부분까지 팽팽하게 감는다.

❻ 그리고 조금 길게 되어진 부분을 칼을 이용해서 자르고 나서 그 부분을 끈을 감고 가는 부분 안으로 넣어서 계속적으로 감는다.

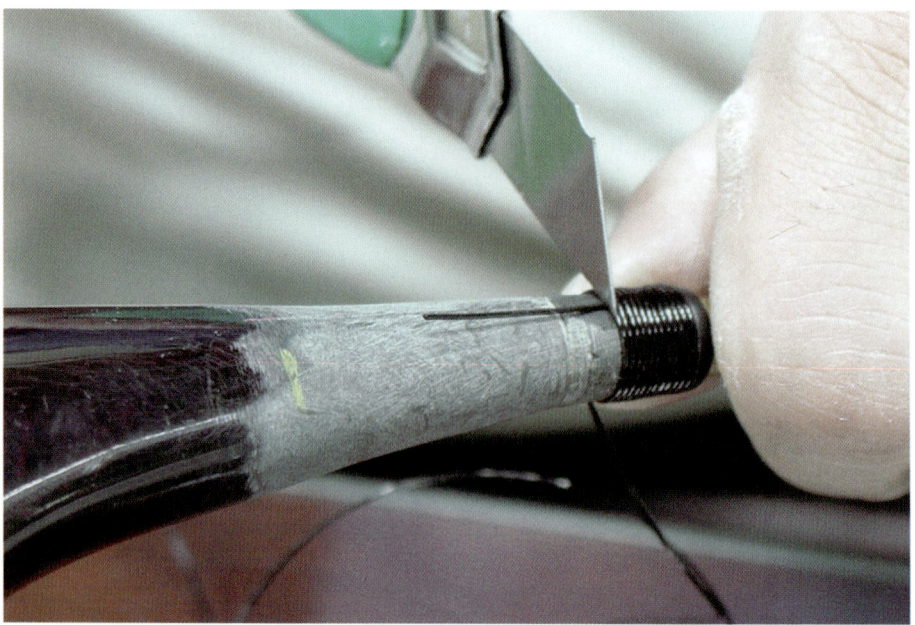

❼ 끝에서 어느 정도 떨어진 위치에서 루프 풀러를 이용해서 끈 위에 놓고서 감는다.

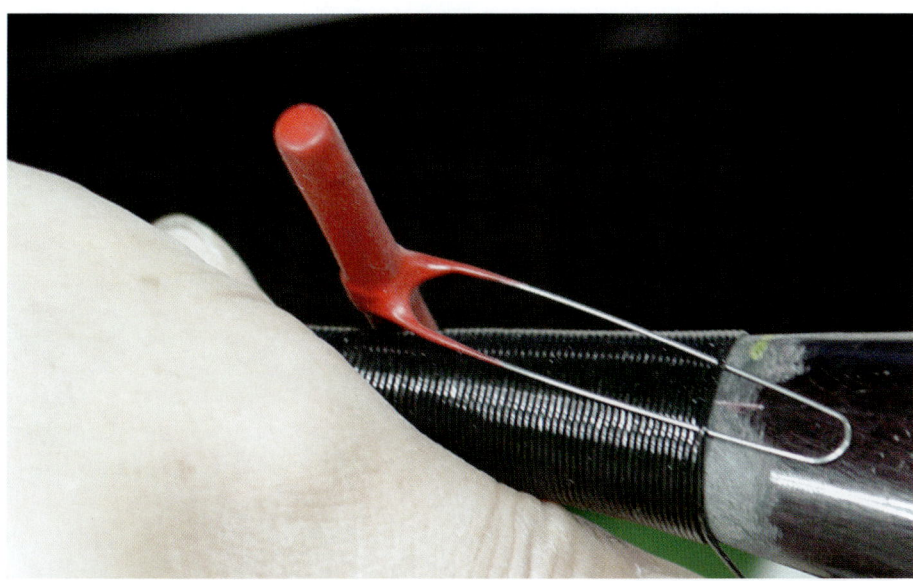

❽ 끈을 끝까지 감고 마지막의 끈을 루프 풀러의 구멍 안으로 넣어서 끈를 잡아당긴다.

❾ 그리고 길게 나온 끈을 칼로 자르고 그 부분을 정리하면 된다.

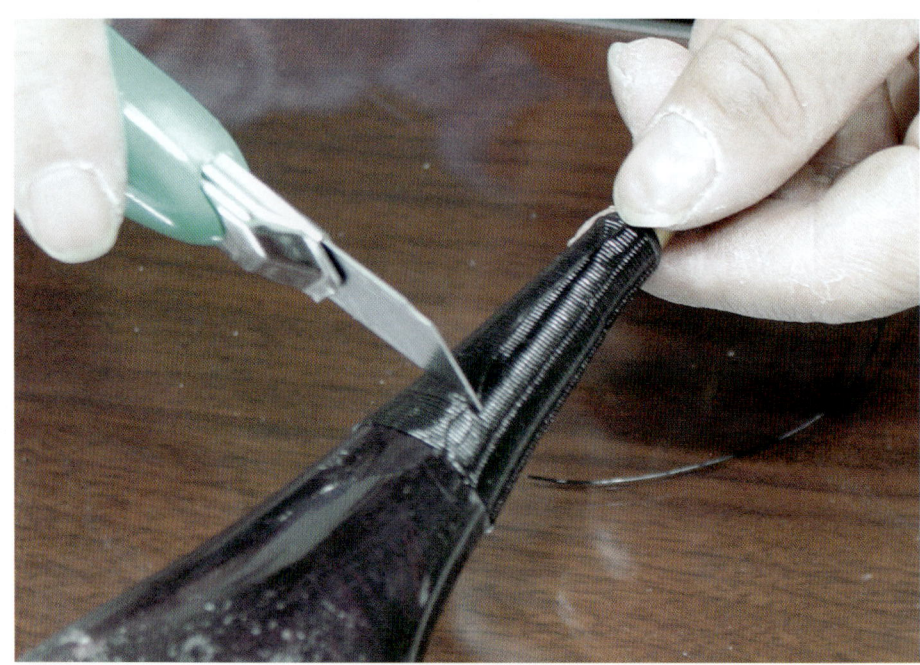

❿ 최종적인 결과는 다음과 같다.

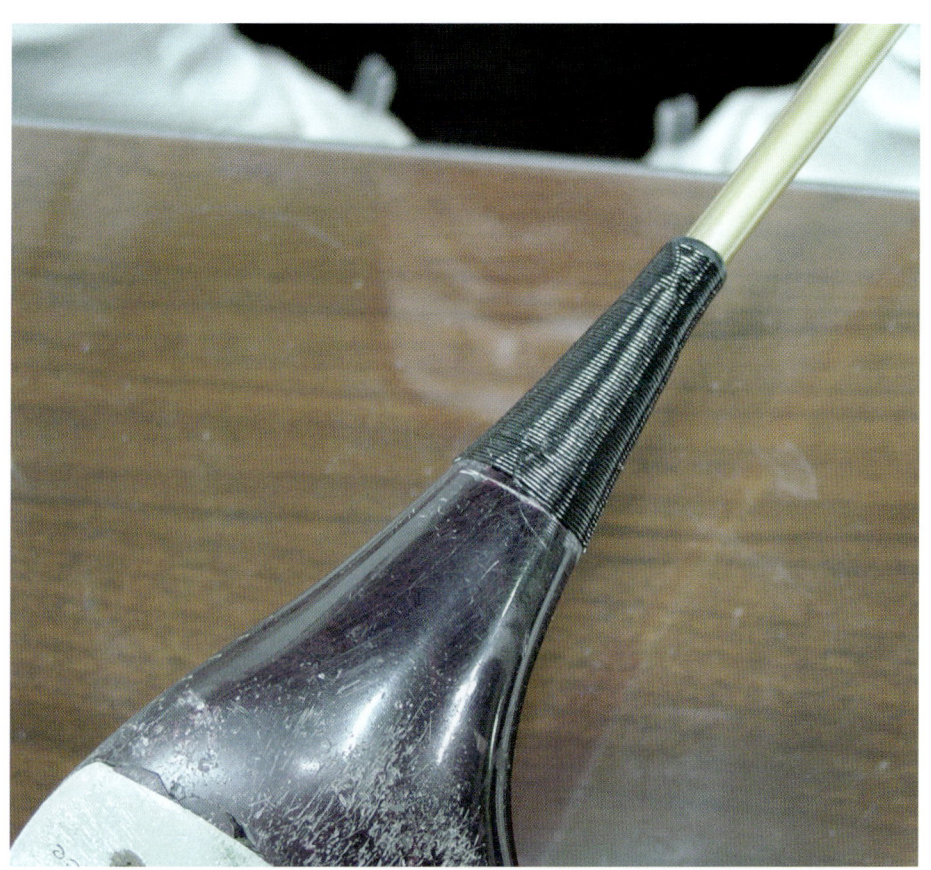

> **참고**

루프 풀러가 없는 경우에는 별도의 끈을 이용해서 홀을 만들어 사용하면 똑 같은 효과를 보게 된다.

내 손으로 클럽 수선해 보기

제6장 골·프·클·럽·재·손·질

골프 클럽 재손질 이전에 반드시 이행해야 할 사항은 클럽의 사양, 스윙 웨이트, 전체 웨이트와 그립 무게 등을 기록한 다음에 손질 이후에도 이 같은 내용을 기록하여 이전과 이후를 반드시 비교 분석을 해야만 할 것이다.

1 아이언과 우드를 재손질하기 위한 준비물

샌드 블레스터

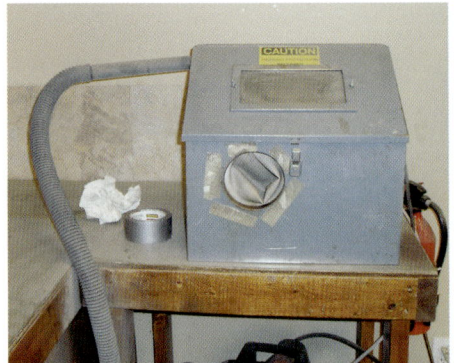

그라인더

진공기

2. 아이언을 손질하는 절차

아이언을 손질하는 데는 크게 두 가지 방법이 있다.

(1) 샌드 블레스터를 이용한 방법

❶ 클럽의 페이스면을 깨끗하게 하기 위해서 클럽 페이스를 제외한 모든 부분에 테이프를 붙인다.

❷ 샌드 블레스터를 이용해서 클럽 페이스를 샌드를 이용하여 불어서 처리를 하면 깨끗하게 된다.

(2) 그라인더를 이용한 방법

클럽에서 깨끗하게 하고자 하는 모든 부분을 그라인더를 이용하면 된다. 이때 그라이더에 클럽을 처리하기 이전에 크리닝 바를 이용해서 먼저 그라인더에 크리닝 바를 먼저 바르고 나서 클럽을 처리하면 된다.

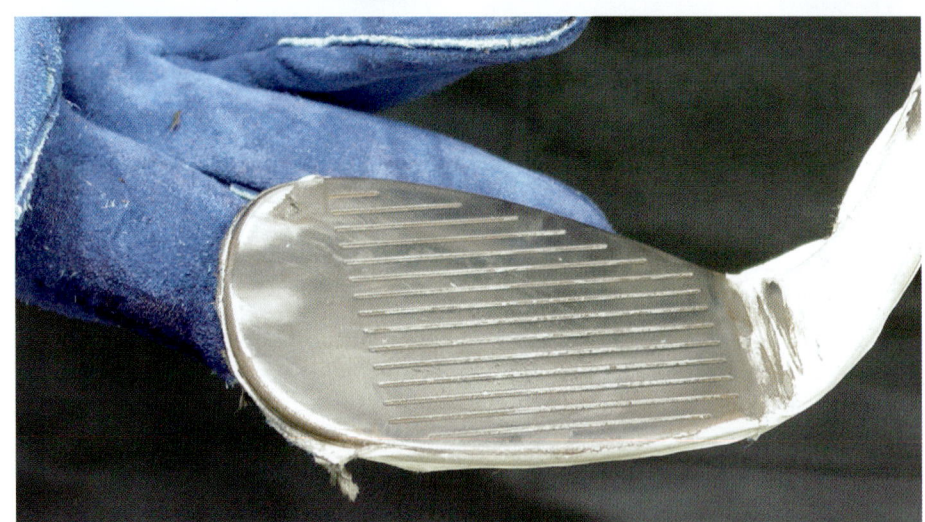

참고

그라인더를 이용하기 보다는 샌드 블레스터를 이용해서 클럽을 손질을 하는 것이 클럽 페이스의 손상없이 손질을 할 수가 있다. 단점은 샌드 블레스터를 구입하는데 상당한 비용이 들어야만 한다는 것이다.

[3] 우드 클럽을 재손질하는 절차

❶ 다음은 손질하고자 하는 우드 클럽은 원래의 모습이다.

❷ 샤프트를 분리해서 클럽 헤드만 가지고 깨끗하게 다시 만든다. 이 때 아세톤을 이용해서 클럽의 지저분한 부위를 모두를 제거시키거나, 그라인더를 이용해서도 해결할 수가 있다. 여기서는 그라인더를 이용한 결과를 보기로 하자.

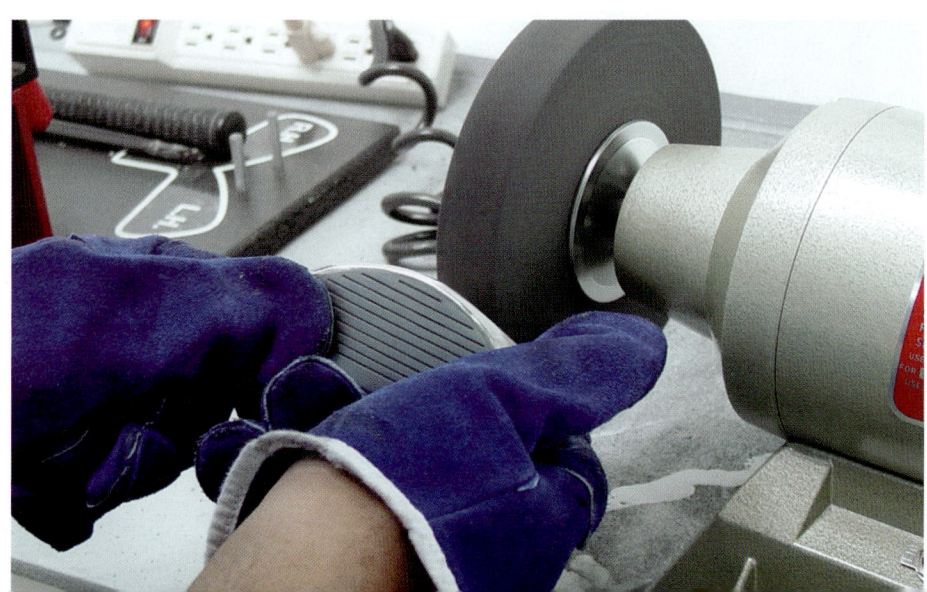

❸ 샤프트와 그립을 교환한다.
❹ 페인트 칠을 원하지 않는 부분에 테이프로 붙인다.

❺ 다른 색깔이 우드에 잘 칠해지도록 하기 위해서 샌드 블레스터를 이용해서 우드에 샌드를 불어넣는다.

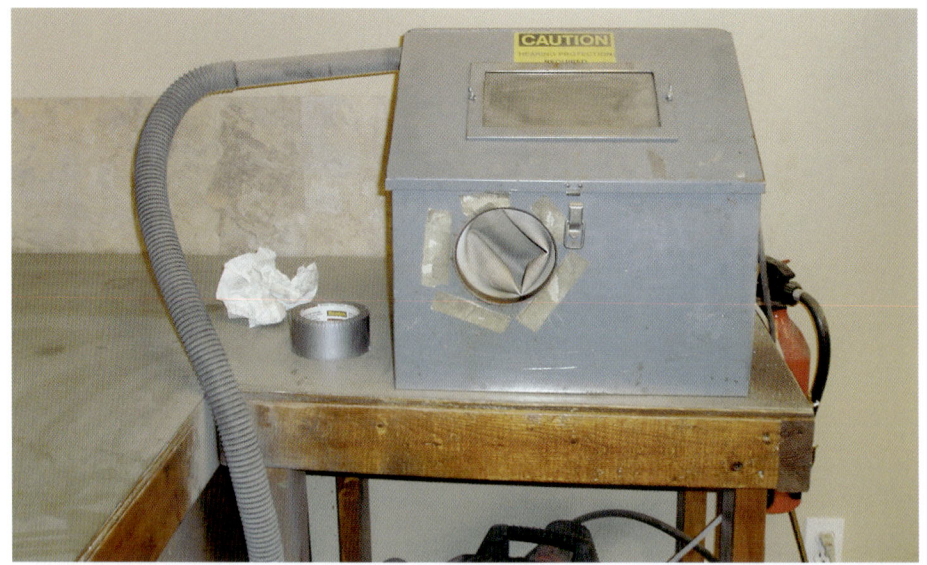

❻ 원하는 색상을 정해서 진공기를 이용해서 상당한 얇게 색깔을 뿌리면 된다. 이 페인트를 뿌리는 과정을 2~3번 반복한다.

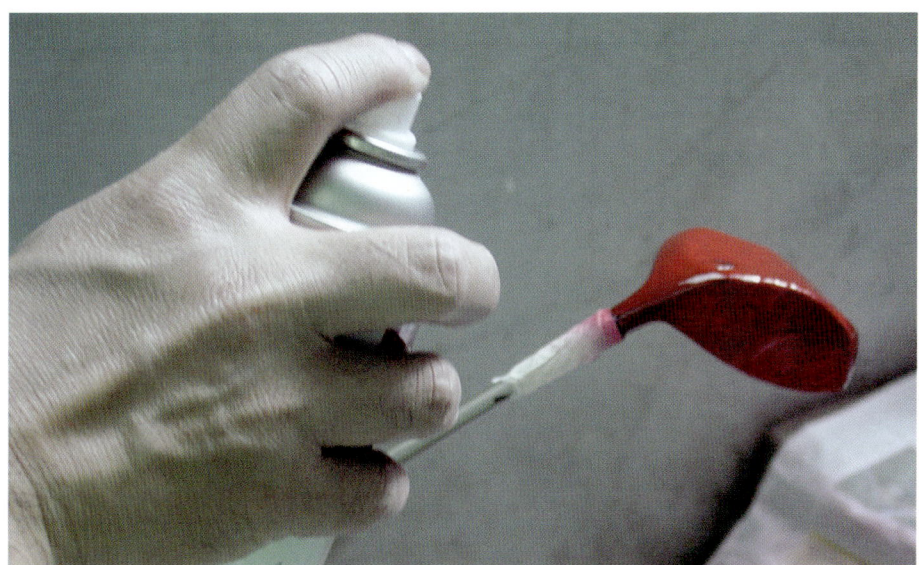

❼ 햇볕이 없는 그늘진 방을 선택해서 자연적으로 페인트가 말려지도록 4~5일 정도 말린다.

❽ 말려진 것을 확인한 후에 다시 페인트를 2~3회 정도 아주 얇게 뿌리고 1~2일 정도 다시 말린다.

❾ 완전히 말린 후에 왁스 칠을 위해서 호젤 부분에 주방 휴지를 이용해서 여러 번 감고 왁스 통에 우드의 헤드를 완전히 적신다.

❿ 그리고 샤프트 보호대를 이용해서 바이스에 우드의 헤드가 하늘을 향해서 왁스가 자연적으로 완전히 밑으로 빠져나오도록 한 후에 다시 말리면 된다.

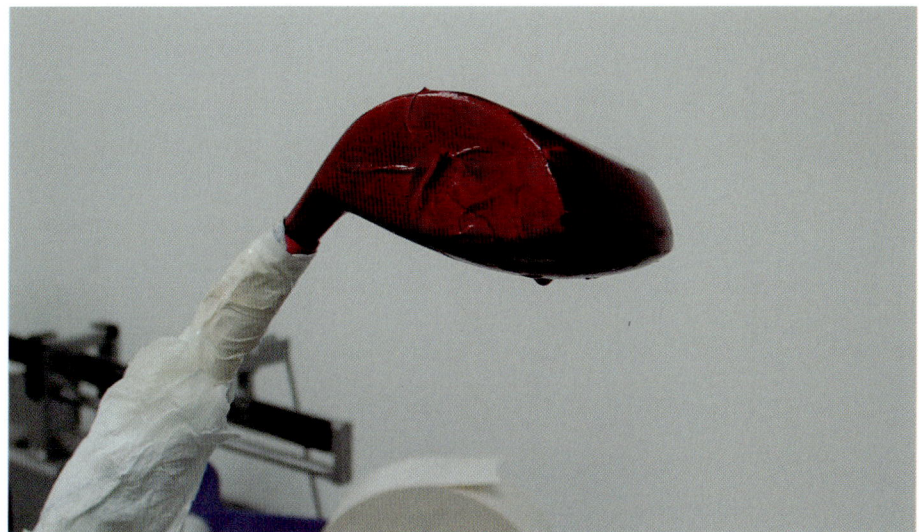

⓫ 완전히 말려진 후에 글자가 표시된 부분이나 클럽 페이스를 여러 색깔 페인트를 이용해서 다시금 칠을 한다.

이 때 글자의 전체를 정사각형 형태로 페인트 칠을 하여서 주방 휴지로 글씨 옆 부분에 있는 페인트를 없애주면 완전히 새로운 클럽을 만들게 되는 것이다.

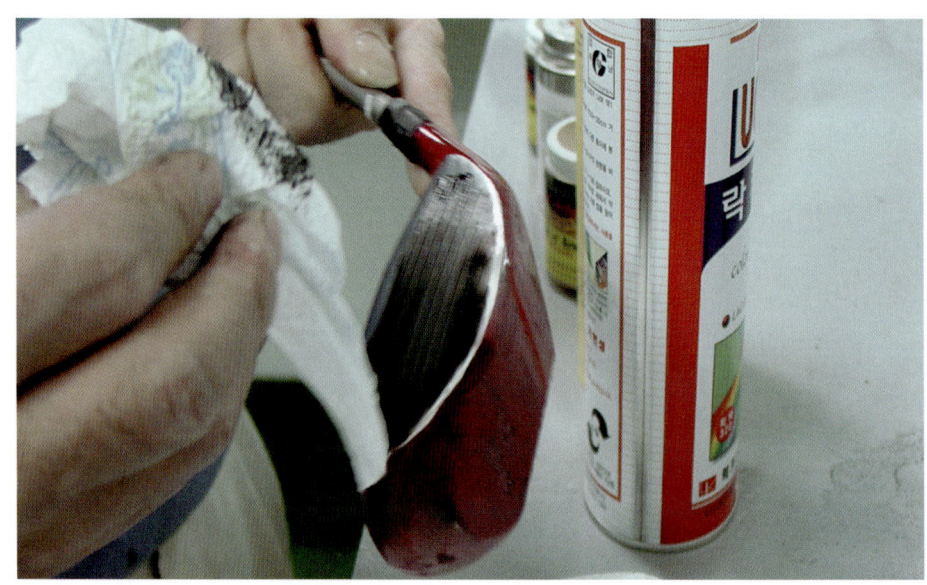

페이스 면에 닦아진 후의 모습은 다음과 같다.

글자에 대한 부분을 새로운 색깔로 페인트 칠을 하면 된다.

페인트를 닦아낸 후의 모습은 다음과 같다.

❶❷ 완성된 모습은 다음과 같다.

내 손으로 클럽 수선해 보기

부록

장비문제에서 발생되는 것과 스윙의 해결 방법들

볼이 오른쪽이나 슬라이스(slice)가 나는 경우에서 장비에 관한 문제

① 라이(lie) 각이 너무 플랫(flat)하다.
② 옵셋(offset)이 거의 없는 헤드 설계(head design)
③ 샤프트(shaft) 강도가 너무 강하다.
④ 드라이버(driver)에서 로프트(loft)가 너무 적다.
⑤ 전체 웨이트(total weight)와 스윙 웨이트(swing weight)를 볼 때 너무 무겁다.

볼이 왼쪽으로 가도록 하는 방법들

① 스트롱 그립(strong grip)을 취한다.
② 목표방향보다 왼쪽으로 정렬을 시킨다.
③ 스윙 경로(swing path)를 아웃사이드 인(outside in)으로 취한다.
④ 왼쪽 손목의 코킹(cocking)을 임팩트(impact) 시에 풀어준다.
⑤ 손과 팔을 과도하게 사용한다.
⑥ 발 앞쪽으로 무게의 중심을 두어서 균형을 잃게 만든다.
⑦ 백 스윙 최고점에서 클럽의 페이스를 닫혀지는 형태를 만든다.
⑧ 볼의 위치를 앞쪽 발(왼발 쪽으로) 앞에 놓는다.
⑨ 무게 중심을 더 뒤쪽 발(오른쪽 발)에 놓도록 한다.
⑩ 팔로 스로우(follow-thru) 시에도 머리의 위치를 볼이 있는 위치로 계속적 놓도록 한다.
⑪ 드로우(draw)를 내는 볼을 구사하도록 백 스윙의 경로를 과도하게 인사이드로 만든다.

볼의 탄도가 너무 높은 경우 장비 문제

① 로프트가 너무 큰 드라이버
② 샤프트의 강도가 너무 약하다.
③ 클럽의 헤드의 무게 중심(center of gravity)이 클럽 헤드 쪽인 아래에 있다.
④ 스윙 웨이트와 전체 웨이트가 너무 가볍다.
⑤ 샤프트의 휘어지는 점(deflection point)이 너무 낮다.

볼의 탄도가 아주 낮게 날아가도록 하는 방법들

① 몸의 무게 중심을 백 스윙과 다운 스윙에서 앞쪽 발(왼발)에 유지시키면 된다.
② 볼의 위치는 몸의 중심을 기준으로 오른쪽 혹은 뒤쪽(오른발쪽)으로 놓으면 된다.
③ 임팩트시에 클럽의 페이스가 닫혀있도록 즉, 닫혀진 클럽 페이스로 볼을 가격하면 된다.
④ 임팩트시에 손의 위치를 상당히 앞으로 유지가 되도록 한다.
⑤ 몸통과 히프가 임팩트시에 상당히 앞쪽에 있도록 만들면 된다.

낮은 탄도의 볼이 되는 경우 장비 문제들

① 로프트가 적은 드라이버
② 샤프트 강도는 너무 강하다.
③ 스윙 웨이트와 전체 웨이트가 너무 무겁다.
④ 클럽 헤드의 무게 중심이 그립 쪽 즉 위쪽에 존재한다.
⑤ 샤프트의 휘어지는 점이 클럽의 위인 그립 쪽에 있다.

볼의 탄도를 높게 하기 위한 방법들

① 몸의 무게 중심을 뒤 발쪽(오른발 쪽)에 오랫동안 유지시킨다.
② 왼 손목의 코킹을 임팩스시에 풀어준다. 즉 골프의 용어로는 scooping이

라 한다.
③ 볼의 위치는 앞 쪽 즉 왼발 쪽으로 놓는다.
④ 머리는 볼 뒤쪽으로 오랫동안 유지를 시킨다.
⑤ 피니시의 자세는 클럽이 높게 올라가도록 한다.
⑥ 볼을 치는 각도는 급경사를 이루어지도록 하여 볼을 치면 된다.
⑦ 백 스윙시 무게의 중심을 왼 발에 계속적으로 유지를 시키고, 다운 스윙에서는 반대로 무게의 중심을 오른발에 유지시키면 된다. 이런 것을 골프 용어로는 reverse pivot이라고 한다.

셋 업(setup)에서 자세에 영향을 주는 장비의 길에 관한 문제

① 클럽의 길이가 짧은 경우에 셋 업에서의 문제
  · 과도하게 무릎을 구부려야만 한다.
  · Primary spine angle을 많이 유지시켜야만 한다.
  · 클럽의 맨 끝으로 그립을 취해야만 한다.
② 클럽의 길이가 긴 경우에 셋 업에서의 문제
  · Primary spine angle이 거의 없거나 몸이 지나칠 정도로 서야 한다.
  · 따라서 무릎의 각을 유지못하고 펴지는 형태를 취하게 된다.
  · 그립은 정상적인 그립의 위치보다 아래로 취하게 된다.

스윙에 있어서 잘못된 자세를 만들게 하는 문제들

① 장비의 측면
  · 클럽의 길이가 짧거나 너무 긴 경우
  · 샤프트의 강도가 강한 클럽
  · 로프트가 적은 클럽
② 스윙 방법의 측면
  · Primary spine angle이 어드레스, 백 스윙의 최정점, 임팩트에서 피니시에 이르기까지 다르게 이루어지는 경우
  · 무릎의 각이 스윙을 하는 과정에서 변화가 일어나는 경우

③ 이런 결과에 의해서 최종적으로는 뒷 땅을 치거나 볼의 위 부분을 치는 등의 문제를 야기시키게 한다.

클럽을 이용해서 볼을 치는 데 있어서 클럽 페이스에 정확지점을 치지 못하도록 하는 문제들

① 장비의 측면
- 라이 각이 너무 업 라이트(upright)하거나 플랫한 경우
- 클럽의 길이가 짧은 경우나 너무 긴 경우
- 샤프트의 강도가 너무 강하거나 약한 경우

② 결과적인 문제
- 볼을 치는 경우에 클럽 페이스의 가운데가 아닌 앞쪽이나 뒤쪽의 부분으로 치게 된다.
- 대부분 볼의 위부분만을 치게 된다.

③ 볼의 탄도
- 거리의 손실
- 방향의 문제
- 일관성의 문제

거리 손실의 문제

① 장비적인 면
- 샤프트 강도가 너무 강한 경우
- 로프트의 각이 너무 적은 드라이버 사용
- 길이가 짧은 클럽 사용
- 클럽의 전체 웨이트가 너무 무거운 것을 사용

② 볼을 더 멀리 치기 위한 스윙문제
- 과도한 스윙
- 과도한 몸의 이동
- 상당히 빠른 템포
- 얻어진 결과를 위해서 소비된 과도한 양의 힘

찾아보기

deflection board ················· 61	리딩 에지(leading edge) ········ 105
high kick point ·················· 61	리버스 피빗(reverse pivot) ······· 99
low kick point ··················· 60	릴리즈(release) ·················· 15
mid kick point ··················· 61	마스킹 테이프(masking tape) ···· 104
ribbed ··························· 26	바이스 ···························· 38
경량 ······························ 59	버트(butt end; butt) ············· 30
골프 다이제스트 ···················· 17	버트 ······························ 86
그라인더 ························· 156	벌지(bulge) ····················· 136
그라파이트(graphite) ·············· 15	보기(bogey) ······················ 17
그립 사양 ························· 26	블레이드(blade) ·················· 107
그립 스테이션 ····················· 38	블록(blocking) ·················· 106
그립 측정자 ······················· 28	비 옵셋(non-offset) ············· 134
그립 크기 ························· 26	샌드 블래스터 ····················· 154
그립 ······························ 26	샌드 페이퍼 ······················· 74
기어 효과(gear effect) ··········· 138	생크(shank) ····················· 107
나선형 그립 ······················· 52	샤프트 강도 ······················· 58
남성 그립 ························· 31	샤프트 보호대 ····················· 38
납 ······························· 144	샤프트 재질 ······················· 58
닫혀짐(closed) ··················· 109	샤프트 진동수 ····················· 62
데모 클럽 ························· 18	샤프트 추출 장치 ·················· 68
둥그런(round) ···················· 26	샤프트 확장용 재질 ················ 92
드로우 ··························· 145	솔벤트(solvent) ··················· 41
디봇(divot) ······················ 106	스윙 경로 ························ 112
디칼(decals) ······················ 89	스윙 웨이트 ······················ 128
라이(lie) ························ 102	스윙 웨이트 ······················· 26
렌치 ······························ 71	스윙시 위치별 변화 인식표 ········· 18
로프트(loft) ······················ 98	스퀘어(square) ··················· 109
루프 풀러 ························ 149	스틸 칼러 ························· 68

스틸 헤드 보호대	82	테이프 스트리퍼(tape stripper)	39
업라이트(upright)	87	토치	67
업라이트	102	토크(torque)	63
엑포시	75	투명 그립	47
여성 그립	31	투어 프로	13
오픈(open)	109	트레이링 에지(trailing edge)	105
옵셋(offset)	134	티칭 프로	12
웨이트	141	파(par)	17
이중 테이프	31	페루얼(ferrule)	68
임팩트	26	페루얼	76
전체 웨이트(total weight)	15	페어웨이(fairway)	16
전체 웨이트	128	페이드	145
진동수	63	페이스 프로그레이션	134
초 경량	59	표준 무게	59
초킹(choking)	86	푸시 슬라이스(push slice)	115
추출 드릴	81	푸시 페이드(push fade)	113
코드(cord)	26	풀 드로우(pull draw)	117
크리닝 바	156	풀 훅(pull hook)	117
클럽 샤프트	13	프로그레시브 옵셋	134
클럽 샤프트	58	플랫(flat)	87
클럽 솔(sole)	104	플랫	102
클럽 페이스	109	호젤(hosel)	134
클럽 피터(fitter)	16	훅(hook)	113
클럽 피팅 사양표	18	휘는 점(kick point; flex point)	58
클럽 피팅 질문서	18	휴대용 그라인더	80
클럽 피팅(fitting)	12	히팅 건	67
클럽 헤드 속도	59		
클럽 헤드	133		

민 용 식

이학박사(Computer Science 전공)
미국 LSU 객원교수 역임
현) 호서대학교 컴퓨터공학부 교수, Uni-Golf 과학 연구소 연구소장

미국 SDGA 골프 아카데미 졸업
- 복수 전공 : Golf Professional 과 Golf Management
- 골프 티칭 자격증(Certification of Golf Advancing Teaching)
- 골프 수선 자격증(Certification of Club Repair Operation)
- 골프 토너먼트 관리 자격증(Certification of Golf Tournament Administration)

내 손으로 클럽 수선해 보기

발 행 일	1판 1쇄 2004년 9월 15일
저 자	민용식
펴 낸 이	박홍순
펴 낸 곳	도서출판 꾸벅
등 록 날 짜	2001년 11월 20일
등 록 번 호	제 8-349호
주 소	주소 서울시 은평구 대조동 204-12호
전 화	전화 02) 352-9152(대)
팩 스	팩스 02) 352-2101
정 가	**13,000원**
I S B N	89-90636-12-4

파본은 구입하신 서점이나 본사에서 교환해 드립니다.
이 책의 어느 부분도 발행인의 승인없이 일부 또는 전부를 무단복제시 저작권법 98조에 의거 3년 이하의 징역이나 3000만원 이하의 벌금에 처합니다.